당신의 팀은
괜찮습니까

당신의 팀은
괜찮습니까

당신의 팀은 괜찮습니까

최고 성과를 창출하는 팀의 리더십 원칙

조영탁 지음

행복한북클럽
Happy Bookclub

휴넷 창업 이후 지난 20년은 한마디로 리더십 수련 기간이었다 할 수 있습니다. 서른다섯에 창업한 저는 유약한 리더였습니다. 생각은 짧았고, 고집이 셌으며, 가끔은 지위로 눌러 직원의 행동을 유도했습니다. 무면허 운전을 하는 것과 같았습니다. 조직원들은 그런 절 때로는 걱정스럽게, 때로는 원망스럽게 바라보았고, 저는 직원들과의 관계가 매끄럽지 못한 것 같다는 불편한 마음에 시달렸습니다.

회사의 성공과 실패가 리더십에 달린 데 반해, 제 리더십은 그야말로 형편없는 수준이라는 생각이 들었습니다. 어차피 평생 경영을 할 것이고, 평생 리더로 살아가야 한다면 지금 제대로 리더십을 공부해봐야겠다고 생각했습니다. 리더십 관련 책을 100권 정도 사서 무작정 읽기 시작했습니다.

먼저 국어사전에서 리더십의 정의를 찾아보았습니다. 사전에는 리더십을 "무리를 다스리거나 이끌어가는 지도자로서의 능력"이라고 설명하고 있습니다. 한편 '리더십의 구루'라고 불리는 서던캘리포니아대학교의 워런 베니스 교수는 "모범적인 리더십이란 사람들이 따르게끔 고무하고, 지적 자산을 고양시키고 경쟁력을 증대시킬 수 있는 사회구조나 조직상의 설계를 창출하는 개척자적인 능력을 말한다"라고 정의합니다. 그 밖에도 유명한 학자나 뛰어난 리더들이 각자 자신의 관점에서 주관적으로 리더십을 정의하고 있지만, 딱 이거다 싶은 정의가 없어서 혼란스럽기도 했습니다. 제 나름대로 리더십의 정의를 다시 만들어볼까 하다가, 그 대신 리더십이 가진 고유한 속성을 뽑아보자는 생각이 들었습니다. 마케팅의 4P 개념을 활용해서 리더십을 4P로 설명해보았습니다.

리더십은 '다른 사람들people**에게 바람직한 영향력**power**을 행사하여 그들이 자신의 능력을 최대한 발휘하게 함으로써 조직의 임무, 목적 또는 프로젝트를 수행해서 탁월한 성과**performance**를**

창출하게 하는 끊임없는 상호작용^{process}'이다.

　20년이 지난 지금까지도 저는 이 4P 덕분에 리더십을 제대로 이해하고, 학습하고, 실천해가고 있습니다. 리더십이라고 하면 보통은 절대적 명령으로 구성원을 통제하는 모습을 생각하기 쉽지만, 그런 옛 방식의 리더십은 더는 통용되지 않습니다. 이제 우리는 리더에게 훨씬 더 바람직한 영향력을 요구합니다. 리더는 스스로의 문제를 정의하고, 해결책을 모색하고, 적절한 변화를 이루어야 합니다. 이 책을 읽고 나면 리더에게 왜 바람직한 영향력이 필요한지, 그 영향력을 키우기 위해 어떠한 프레임워크가 필요한지 알게 될 것입니다.

　이 책은 그러한 모색과 변화의 일환으로 네 가지 키워드를 중심으로 리더로서의 고민과 성장을 기록하기 시작한 것입니다. 무기력한 팀도, 성과가 낮은 팀도, 반항이 거센 팀도, 죽은 팀도 모두 리더가 먼저 변해야 살아납니다. 그런데 제 삶과 일에서의 변화를 쓰다 보니, 같이 일하는 직원들이나 고객사, 다른 회사의 리더나 팀원들도 함께 읽을 수 있지 않을까 하는 생각이 들었습니다. 이 책을 통해 리더의 책임과 올바른 리더십의 방향에 대해 생각하는 기회가 된다면 좋겠습니다.

요즘은 리더십에 관해 사람들의 관심이 많습니다. 스포츠에서의 승패, 기업 경영의 성패, 정치적 상황 등 크고 작은 이슈가 있을 때마다 우리는 가장 먼저 그 조직의 리더를 떠올리고, 그 사람의 리더십을 화세로 올립니다. 많은 이가 리더십에 큰 관심을 갖게 된 것은 반가운 일입니다.

다행히 누구나 리더가 될 수 있습니다. 리더십의 핵심을 제대로 이해하고 경험과 학습을 통해 리더십을 꾸준히 연마한다면 누구나 할 것 없이 위대한 리더로 성장할 수 있습니다. 바람직한 영향력을 발휘할 수 있다면 지위와 관계없이 누구나 리더라 할 수 있습니다.

지난 20년간 학습과 실전 경험을 통해 얻은 실용적 리더십 지식을 정리한 이 책이 여러분이 훌륭한 리더로 성장하는 데, 그리고 여러분이 속한 조직이 최강의 팀으로 거듭나는 데 조금이라도 보탬이 될 수 있기를 희망합니다.

CHAPTER 11

최강의 팀을 만드는 힘 • 271

CHAPTER 12

무엇이 리더를 성장시키는가 • 301

CHAPTER 1

바람직한 영향력을 행사하는 법

당신은 리더입니다.

만약 당신의 행동이 타인들로 하여금

더 크게 꿈꾸고,

더 많이 배우고,

좋은 일 더 많이 하고,

더 큰 인재가 되게끔 영감을 불어넣는다면.

| 존 퀸시 애덤스(미국 제2대 대통령) |

휴넷 MBA 온라인 수료식을 끝내고 수강생들과 같이 식사를 하는 자리에서 있었던 일입니다. 제 앞에 50대 여성 한 분이 앉아 계셨습니다. 처음 뵙는 자리라 어색한 분위기를 깰 겸 어느 회사에 다니시냐고 물었습니다. 그분은 회사에 다니지 않는다고 답하셨습니다. "아, 그럼 창업을 준비하시는 모양이네요?"라고 말하자 그분께서는 창업 준비를 하는 것도 아니라고 하셨습니다. 저는 당황해서 다시 물었습니다.

"회사에 다니거나 창업 준비를 하는 게 아니라면, 도대체 왜 200만 원이라는 거금을 내고 7개월 동안 200시간이 넘는 시간을 들여 경영학을 공부하셨나요?"

그 사연은 다음과 같았습니다. 아주머니는 고등학교 2학년인 딸과 1학년인 아들에게 "제발 공부 좀 해라"라고 야단치곤 했습니다. 그러나 자녀들은 엄마가 보는 앞에서만 공부하는 척하고 실제로는 놀기만 했습니다. 어느 날 아주머니는 자신이 먼저 공부하는 모습을 보여주겠다는 생각에 거금 200만 원을 내고 휴넷 MBA를 신청했습니다. 그리고 거실에 컴퓨터를 설치해놓고 자녀들이 집에 들어올 때쯤부터 밤늦게까지 몇 시간씩 공부했습니다. 처음에는 별 관심을 안 보이고 쭈뼛쭈뼛 피하던 자녀들이 3~4개월이 지나자 스스로 알아서 공부하게 되었다는 것입니다.

엄마라는 지위를 이용해서 자녀들에게 강제로 공부를 시킬 때는 하지 않더니, 나이 든 엄마가 먼저 솔선수범해서 공부를 하자 자녀들도 느낀 바가 있어서 스스로 움직이게 된 것입니다.

리더십이란 힘을 행사해서 다른 사람을 움직이는 능력입니다. 그냥 힘^{power}이라기보다는 '영향력'이 더 적확한 표현이라고 할 수 있겠습니다. 이 영향력의 원천은 크게 세 가지로 나뉩니다.

첫째, 태어날 때부터 갖는 힘입니다. 엄마가 아이를 혼낼 때 흔히 "엄마 말을 왜 안 들어?"라고 말하곤 합니다. 부모가 아이에게, 형이 동생에게, 왕이 신하에게 발휘하는 힘이 대표적입니다.

둘째, 공식적 자리가 주는 힘과 영향력입니다. 대통령, 사장, 임원, 팀장, 교수, 목사 등과 같은 공식적 지위에서 나오는 권위라 할 수 있습니다. '사장님 지시사항' 같은 것이 대표적입니다. 저는 회사 팀장이나 본부장에게 '사장님 지시사항'이라는 단어를 사용하지 말라고 합니다. 중간 리더가 이 단어를 쓰는 것은 본인의 무능이나 책임을 회피하기 위한 비겁한 행위이니까요. 사장이 뭐라고 했든 본인이 납득하지 못한다면 실행하지 않으면 되고, 본인이 충분히 납득한다면 사장의 힘을 빌리는 대신 스스로 직원들을 설득해서 일하게 해야 합니다. 업무를 지시할 때 사장님을 들먹이면 쉽게 사람들을 움직일 수 있을지 몰라도, 정작 자신의 리더십은 갉아먹게 됩니다. '사장님 지시'라는 손쉬운 도구 대신 직원들에게 바람직한 영향력을 행사할 수 있는 의미 있는 방법을 찾아야 할 것입니다.

셋째, 바람직한 영향력valuable influence입니다. 타고난 힘이나 공식적인 지위를 활용해서 일을 시키거나 사람들을 움직이는 것은 리더십이 아닙니다. 리더십은 도덕적 권위와 같이 바람직한 영향력을 행사해서 사람들이 흔쾌히 따르게 하는 능력입니다. 비전 제시, 솔선수범, 정직성, 책임감, 희생, 존중과 배려 등이 바로 바람직한 영향력의 원천입니다. 리더십 4P 중 다른 것은 잊더라도 바람직한 영향력은 결코 잊으면 안 됩니다. 어떻게 하면 구성원들에게 바람직한 영향력을 행사할 수 있을지 끊임없이 고민하고 실천해나가는 것이 바로 리더십의 요체입니다.

누구나
리더가 될 수 있다

1980년 미국 역사에 '실패한 대통령'으로 기록되었던 지미 카터는 그로부터 22년이 지난 2002년, 노벨평화상을 수상하며 '역사상 가장 위대한 전직 대통령'이라고 새롭게 기록됩니다. 어떻게 된 일일까요? 대통령일 때는 하는 일마다 시비와 비난이 그치지 않았던 그는 정작 대통령이라는 지위를 내려놓은 뒤 분쟁이 있는 곳이면 어디든 달려가 수단의 휴전 협정, 아이티 사태의 무혈 해결, 보스니아 휴전 등을 끌어냈습니다. 더는 권력 없이도 전세계인의 존경을 받는 진정한 리더로 거듭난 것입니다. 이런 사례를 보면 리더십은 지위와는 관계가 없음을 알 수 있습니다.

리더십에 대한 오랜 논쟁 중에 '리더가 먼저인가, 리더십이 먼저인가'라는 논쟁이 있습니다. 이것은 리더라는 자리에 있는 사람이 하는 행위가 리더십인가, 아니면 자리와 관계없이 리더십을 발휘하는 사람이 리더인가 하는 논쟁입니다. 지미 카터의 사례는 리더가 먼저가 아니라, 리더십이 먼저라는 것을 제대로 보여줍니다. 항상 바람직한 영향력이 뭘까 고민하고, 찾아내어 실천하는 삶을 산다면 누구나 훌륭한 리더가 될 수 있습니다.

저는 1988년 대기업에 신입사원으로 들어갔습니다. 그런데 신입사원의 눈으로 볼 때 이해되지 않는 일들이 많았습니다. 대표적인 것이 바로 할 일이 없는데도 밤늦게까지 퇴근하지 않고 모두 책상에 앉아 있는 모습이었습니다. 사장님이 6시 30분에 퇴근하고 나면 6시 45분쯤에 임원들이 퇴근하고, 7시경에 부장님들, 그리고 7시 15분경에 과장님들이 눈치를 보며 퇴근했습니다. 사원들은 할 일이 없어도 윗사람 눈치를 보다가 7시 30분쯤에 퇴근하는 관행을 도저히 이해할 수 없었습니다. 당시 입사한 지 한 달밖에 안 된 햇병아리였던 저는 사원 대리급 직원 20여 명을 이끌고(?) 6시 정각 퇴근 운동을 벌였습니다. 땡 하고 6시가 되면 축구공을 가지고 선배들과 회사 부근에 있는 남산 공터에 가서 족구를 했습니다. 한 시간가량 땀을 흘리고 나서 가볍게 맥주 한 잔을 마시고 바로 집으로 퇴근했습니다. 그렇게 한 달쯤 지나자 회사에 6시 정각 퇴근 문화가 자리 잡게 되었습니다.

높은 자리에 올랐다고 해서 자연스럽게 리더십이 발휘되는 것은 아닙니다. 신입사원이라도 바람직한 영향력을 행사하면 리더가 될 수 있습니다. 리더십은 자리가 아니라 바람직한 영향력입니다.

리더십은 곧
성과 창출이다

'꿩 잡는 게 매다'라는 말이 있습니다. 매가 제아무리 아름답고 용맹스러운 자태를 지녔어도 사냥에서 성과를 내지 못하면 매라고 할 수 없습니다. 리더십의 본질 역시 성과로 정의될 수 있습니다.

리더십은 그 자체로는 좋은 것도 바람직한 것도 아닙니다. 성과를 내기 위한 하나의 수단일 뿐입니다. 애플의 스티브 잡스, 아마존의 제프 베조스, MS를 살린 사티아 나델라, 테슬라의 일론 머스크 등은 모두 탁월한 실적을 거뒀기에 오늘날 뛰어난 리더로 추앙받는 것입니다. 세종대왕은 한글 창제와 애민 사상, 과학 기술의 발전을 실현함으로써, 링컨은 노예 해방을 이룸으로써 역사적으로 위대한 지도자로 인정받았습니다. 이순신 장군, 처칠 수상 등 다른 인물들도 마찬가지입니다. 리더십은 성과와 동의어라 해도 과언이 아닙니다. 그러므로 일정 기간 성과를 내지 못하면 언제든 리더의 자리에서 내려와야 한다는 각오를 해야 합니다. 리더의 자리는 권한을 누리는 자리가 아니라 조직의 성과, 더 나아가 조직의 운명을 책임지는 자리입니다.

예전에 제가 대기업에 다닐 때의 일입니다. 요즘은 그렇지 않지만 당시에는 부장에서 이사 대우로만 승진해도 따로 방을 마련해주었습니다. 인사이동과 승진 발표가 나면 늘 진풍경이 벌어지곤 했습니다. 서로 전망이 좋은 큰 방을 차지하려고 자리다툼을 벌였거든요. 그런 모습은 임원의 자리에 오른 것을 무거운 책무로 받아들이기보다는 마치 더 큰 권리를 누리고 권한을 즐기는 것처럼 느껴졌고, 신입사원인 제 눈에도 썩 바람직하게 비치지 않았습니다.

리더의 자리를 권한을 누리는 자리로 생각해서는 결코 안 됩니다. 또한 구성원들에게 인기를 얻으려고 하는 것, 즉 인기에 영합하는 것도 리더가 피해야 할 일입니다.

갤럽을 포함한 주요 리서치 기관에서는 매주 대통령의 국정 수행에 대한 국민 지지도를 발표합니다. 리더십은 인기 경쟁이 아니기에 사실 그 결과에 일희일비할 필요는 없습니다. 그럼에도 국정 지지도는 중요합니다. 왜 그럴까요? 리더의 자리에 있다 보면 직원들이 싫어할 일도 해야 합니다. 변화와 혁신에는 늘 저항이 따르게 마련입니다. 때로는 하기 싫은 일이나 어렵고 위험한 일도 추진해야 합니다. 어쩌면 큰 성과를 창출할 수 있는 일일수록, 그리고 장기적 과제일수록 일반 직원들이 그 큰 뜻을 이해하지 못할 가능성도 큽니다. 그런데 평상시에 리더가 인기가 높았다면 힘들고 어려운 일에도 직원들이 동참할 확률이 높습니다. 반면 평상시에 구성원과 리더와의 관계가 껄끄럽거나 구성원들이 리더를 신뢰하지 않았다면, 어려운 일에 대한 저항이 거세지게 마련입니다. 따라서 리더의 인기는 성과 창출을 위한 큰 기초 자산이 됩니다.

결론적으로 구성원들이 리더를 좋아하고 지지하는 것은 분명 좋은 일입니다. 하지만 리더가 인기에 영합하고 포퓰리즘을 추구하는 것은 옳은 일이 아닙니다. 인기에 영합할수록 멀리 보고 올바른 결정을 하기 어려우며, 단기적으로도 좋은 일에만 매달리게 됩니다. 그러나 입에 쓴 약이 몸에 좋은 법입니다. 멀리 보고 추진하는 일일수록 저항은 심할 수 있습니다. 조직의 장래에 도움이 되는 일이라면 극심한 반대에 부딪혀도 과감하게 추진할 수 있어야 합니다. 모두를 만족시킬 수 있는 일은 없습니다. 인기에 영합하여 모두를 만족시키려다 보면 결국 조직을 실패로 이끌게 되고, 결과적으로 모두에게 비난받게 됩니다. 리더십은 인기가 아닙니다. 리더십은 성과입니다.

실용주의적인 몽상가,
현실적인 이상주의자

대부분의 위대한 리더는 실용주의적인 몽상가이거나 현실적인 이상주의자입니다. 그들은 승리에 대한 의지를 감추지 않으며, 목표를 정확히 겨눕니다. 승리 이외에는 어느 것도 받아들이지 않았던 처칠은 이렇게 말했습니다.

"무엇이 우리의 목표냐고 묻는다면 나는 한마디로 이렇게 답하겠습니다. 어떤 대가를 치르더라도 승리를 얻는 것입니다. 어떤 공포가 있다 하더라도 승리를 얻어야 하며, 그 길이 아무리 멀고 험해도 승리를 얻어야 합니다. 승리 없이는 생존도 없습니다."

성과 창출도 습관입니다. 탁월한 리더는 성과를 내는 방법을 잘 알고 있습니다. 한번 성과를 내본 사람은 다른 업무를 맡아도 대체로 좋은 성과를 냅니다. 성과를 내는 방법을 알기 때문입니다. 리더는 혼자 문제를 해결해서 성과를 내기보다는 구성원을 통해 성과를 창출해야 하지만, 성과 창출에 관한 나름의 방법론은 미리 익혀두어야 합니다. 그래야 직원들을 코칭하고 육성해서, 한 사람 한 사람 성과를 창출하는 인재로 키울 수 있기 때문입니다.

저는 늘 매뉴얼의 중요성을 강조합니다. 좋은 성과를 거두는 탁월한 리더가 되기 위해서는 비전을 만들고 공유하기 위한 매뉴얼, 위기의식을 불어넣고 변화와 혁신을 추진하는 매뉴얼, 직원들에게 권한을 위임하고 코칭·육성하는 매뉴얼, 더 나아가서는 의사결정과 문제 해결에 관한 매뉴얼, 최강팀을 만드는 매뉴얼을 미리 만들어놓고 숙지해야 합니다.

2002년 월드컵을 거치며 리더십 바람을 일으켰던 히딩크 감독은 팀을 맡은 초기에 팀워크를 탄탄히 다지기 위해 당시 독보적인 존재였던 홍명보 선수를 대표 팀에서 내보냅니다. 그리고 얼마간의 시간이 흐른 뒤 팀이 새롭게 구축되었다는 확신이 서자 다시 홍명보 선수를 불러들입니다. 한 영웅적인 존재에 의존해 팀이 운영되면 팀워크가 살아나지 않고, 최강의 팀을 만들 수 없다고 판단했기 때문입니다.

만년 꼴찌 어린이 아이스하키 팀 리버밴드의 이야기를 다룬 책 《하이파이브》와 20년 가까이 왕좌를 차지한 소련을 물리치고 올림픽 금메달을 따낸 미국 아이스하키 팀의 이야기를 다룬 영화 〈미라클〉에는 모두 팀워크 빌딩에 관한 내용이 나옵니다. 바로 팀 내에서 독보적 지위를 구축한 가장 유능한 스타 선수를 일정 기간 내보내고, 그 선수가 없는 상태에서 팀워크를 구축하고 난 후 다시 스타 선수를 불러들이는 방식입니다. 스포츠 세계에는 팀워크

빌딩을 위한 일종의 매뉴얼이 있고, 유능한 감독들은 이미 그런 내용을 숙지하고 있다는 생각이 듭니다. 이는 리더십에 대해서도 마찬가지일 것입니다.

물론 세상 모든 일에는 장점과 단점이 함께 있습니다. 매뉴얼도 장점이 있고, 또 주의해야 할 점도 있습니다. 매뉴얼의 가장 큰 장점은 일상적인 업무를 할 때마다 매번 고민하지 않고 바로 실행할 수 있다는 점입니다. 모든 의사결정에는 상당한 정도의 에너지가 소모됩니다. 그런데 미리 매뉴얼을 만들어서 숙지하고 있으면 많은 일을 쉽고 빠르게 처리할 수 있습니다. 또한 에너지를 아껴서 더 중요한 의사결정에 집중할 수 있습니다.

다만 매뉴얼의 단점은 예외적인 상황이 발생했을 때 대처할 능력이 떨어진다는 것입니다. 일본 후쿠시마에 쓰나미가 닥쳤을 때 일본 사람들이 보여준 사례가 대표적입니다. 매뉴얼에 익숙한 일본 사람들은 위기 상황에서 침착하게 서로 배려하는 성숙한 모습을 보여주기도 했지만, 매뉴얼에 나오지 않은 예외적인 상황에서 쉽게 해결책을 찾지 못하고 우왕좌왕하는 모습을 보여주기도 했습니다.

리더십의 일반적인 사항들과 성과를 올릴 수 있는 방법들에 대해 매뉴얼을 만들고 일상적인 일들을 쉽게 처리하면서, 예외적인 상황에서는 임기응변의 조처를 하게끔 미리미리 훈련해두는 것 이야말로 탁월한 성과 창출형 리더가 되는 지름길입니다.

리더에게 일관성은 필수 조건이 아니다

비즈니스에서 일관성은 필수 조건이 아닙니다. 때로는 원칙에서 벗어나 스스로 성과를 만들어낼 다른 기회를 찾아야 하기도 하지요. 쉬운 예를 하나 들어볼까요?

리더의 말 바꾸기에 대해 생각해봅시다. 우리는 말을 자주 바꾸는 사람을 신뢰하기 어렵다고 생각합니다. 그런데 과연 절대로 말을 바꾸지 않는 것이 언제나 좋은 일일까요? 상황이 바뀌었는데도 일관성이 없다고 비판받거나 신뢰를 잃을까 봐 원래의 주장과 약속만을 계속 고집하는 것이 옳은 것일까요?

일반적인 통념과는 달리, 뛰어난 리더는 말을 잘 바꿀 수 있어야 합니다. 물론 우유부단해서 판단을 바꾸거나, 그때그때의 기분에 따라 말을 바꾸는 것이 옳다는 이야기는 아닙니다. 리더는 상황이 바뀌어서 기존 결정이 효과적이지 않게 되었을 때, 또는 자신이 잘못 결정했음을 알아차렸을 때 용기 있게 말을 바꿔야 합니다. 잘못된 결정인데도 체면이나 신뢰 때문에, 또는 비난받을 것이 두려워서 정정하지 못한다면 무능한 리더입니다.

다만 리더가 말을 바꿀 때에는 지켜야 할 몇 가지 원칙이 있습니다. 첫째, 바꿔야 할 것과 바꾸지 말아야 할 것을 구별해야 합니다. 원칙과 핵심 가치는 쉽게 바꿔서는 안 되지만, 방법과 수단은 상황 변화에 맞춰 유연하게 바꿔나가는 것이 좋습니다.

둘째, 리더가 먼저 자신의 잘못을 흔쾌히 인정해야 합니다. 사람들은 결점이 없는 리더만 따르는 것이 아닙니다. 잘못을 과감히 인정하는 리더는 신뢰나 존경을 잃기는커녕 더 큰 신뢰를 얻기도 합니다. 사람들은 자신과 똑같이 실수도 하고 인간적인 결점이 있는 리더에게 더욱 동질감을 느낍니다.

셋째, 결정을 바꾼다는 사실보다 더 중요한 것은 적절한 시점에, 솔직하고 자세하게 구성원에게 그 사실을 알리는 일입니다. 상황이 종료된 다음에 이야기해서는 안 됩니다. 미리 이야기해서 구성원의 의견과 찬성을 구해야 합니다. 결론을 일방적으로 통보하는 것이 아니라 왜 그렇게 해야 하는지, 무엇을 어떻게 해야 하는지에 대해서도 상세히 이야기해야 합니다. 그러기 위해서는 많은 시간과 노력이 필요합니다. 또 구성원들 각자가 의사결정이 변경된 내용을 제대로 이해할 수 있어야만 새롭게 바뀐 결정을 지지할 수 있습니다. 구성원의 열렬한 지지가 있어야 탁월한 성과를 얻을 수 있기에, 사전에 충분히 소통하는 것은 가치 있는 투자라 할 수 있습니다.

여기서 한 가지 묻겠습니다. 민주적 리더가 좋을까요, 독재형 리더가 좋을까요? 질문이 뜬금없이 느껴질 수도 있습니다. 가끔 리더십 강의를 할 때 청중에게 이렇게 물으면 많은 분이 민주적 리더십이 좋다고 대답합니다. 여러분의 생각은 어떤가요?

정답은 '상황에 따라 다르다'입니다. 거듭 이야기하지만 리더는 조직의 성과를 책임지는 사람입니다. 조직의 운명도 리더의 어깨에 달려 있습니다. 민주적 리더십이냐, 독재적 리더십이냐가 핵심이 아니라, 조직의 성과 창출에 어떤 것이 적합한지 고민하는 차원에서 다루어야 할 문제입니다. 싸움이 한창일 때는 승리가 우선입니다. 민주적 리더십으로 팀원들이 스스로 판단하고 행동하게끔 기다릴 여유가 없습니다. 그럴 때는 리더가 독자적으로 판단해서 강력하게 끌고 가야 하는 만큼, 독재적 리더십이 적합하다고 할 수 있습니다. 상황 리더십이라는 개념이 바로 이럴 때 쓰입니다. 한 가지 리더십 스타일을 고집하는 대신 조직을 둘러싼 외부 환경과 현재 조직의 상황, 그리고 조직원들의 역량에 맞춰 적절한 카드를 꺼내 쓸 수 있어야 훌륭한 리더라는 것입니다.

창업 초기의 일입니다. 어느 날 모 팀장이 이야기를 하고 싶다고 찾아왔습니다. 그는 다짜고짜 "사장님은 늘 임파워먼트 리더십에 관해 이야기하면서 왜 저에게는 권한을 주지 않고 하나하나 통제하고 구체적으로 지시하십니까? 언행일치를 좀 해주셨으면 좋겠습니다"라고 따지듯이 물었습니다. 처음엔 무척 당황했습니다. 무엇보다도 말과 행동이 일치하지 않는다는 지적을 받는 것이 혼란스러웠습니다. 제 잘못이라고만 생각했지요. 그러나 조금 지나자 생각이 바뀌었습니다. 당시에 분명 팀장들에게 충분히 권한을 주고, 스스로 알아서 하게 해왔으니까요. 문제는 제가 아니라 그 팀장에게 있었습니다. 본인이 아직 스스로 알아서 결정하고 문제를 해결해나갈 역량이 부족했기에 사장인 제가 코칭하고 가르치던 중이었기 때문입니다.

언제 어떤 상황에서든 딱 맞아떨어지는 리더십 스타일은 없습니다. 상황에 맞게 적절한 카드를 꺼내 쓸 수 있도록 미리 준비하는 것이 상황 리더십의 핵심입니다. 리더는 당면한 일의 시급성과 구성원의 역량에 따라 그때그때 상황에 맞는 적절한 리더십을 보여주어야 합니다.

어떤 리더는 "나는 원래 자율 경영 신봉자야. 난 항상 사람을 믿고 절대 간섭하지 않아"라고 자랑스럽게 이야기하곤 합니다.

하지만 상황 리더십을 고려한다면 "나는 원래 그런 사람이야. 내 리더십 스타일은 이런 거야"라는 말은 맞지 않습니다. 환경 변화에 발맞추지 못하고 언제나 같은 스타일을 고집하는 리더는 성과를 창출하지 못하는 무능한 리더로 전락하게 됩니다.

바람직한 영향력 영역

다음은 세계적인 인사 전문 컨설팅 회사 헤이그룹에서 실적이 낮은 리더와 실적이 높은 리더에 관해 연구 조사한 자료다.

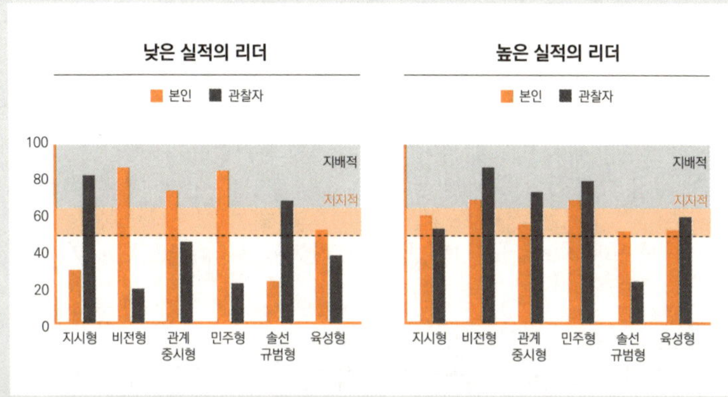

문제

이에 대한 설명으로 옳지 않은 것은?

① 실적이 낮은 리더는 본인이 생각하는 자신의 리더십 유형과 팀원들이 생각하는 리더십 유형에 큰 차이를 보인다.

② 실적이 높은 리더는 본인이 생각하는 본인의 강점과 팀원이 생각
   하는 강점이 거의 일치한다.

③ 실적이 높은 리더는 여러 리더십 유형의 속성 대부분을 갖추고
   있다.

④ 실적이 낮은 리더는 리더 유형 중 몇 가지 부분에서는 높은 점수
   를, 몇 가지 부분에서는 낮은 점수를 보인다.

⑤ 실적이 낮은 리더는 뚜렷한 리더십 스타일이 없다.

문제 해설

낮은 실적 그룹의 리더에게는 두 가지 공통점이 있다. 첫째, 리더십
스타일이 뚜렷하여 자신만의 독특한 리더십 스타일을 가진 경우다.
비전제시형, 지시형, 관계 중시형, 민주형, 솔선수범형, 육성형과 같
은 여러 가지 리더의 유형 중 몇 개의 뚜렷한 스타일과 강점을 가졌
지만, 몇몇 부분에서는 매우 낮은 점수를 보인다. 반면에 높은 실적
의 리더는 여러 가지 리더십 유형의 속성 대부분을 갖추고 있다.
뛰어난 리더는 다양한 리더십 속성을 미리 갖추었다가 얼마나 시급
한 상황인지, 그리고 구성원들이 얼마나 역량을 갖추었는지에 따라
그에 맞는 적절한 카드를 사용할 수 있어야 한다. 일이 급박하게 돌

아가는데 직원들의 능력이 부족하다면 리더가 직접 나서서 문제를 해결해야 한다. 안정적인 상황이고 구성원이 역량을 갖췄다면 임파워먼트가 가장 중요하다. 안정적인 상황에서 역량이 부족할 때는 집중적인 코칭을 통해 구성원 육성에 역점을 두어야 한다. 그때그때 상황에 맞춰 변화하는 카멜레온 리더십이라 할 수 있다. 리더십에서 일관성, 특히 리더십 스타일의 일관성을 고수하는 것은 유능함이 아니라 무능한 리더임을 증명할 뿐이다. 그렇기에 답은 ⑤다.

CHAPTER 2

조직은 리더의
꿈만큼 자란다

지도자의 역할은 비전을 생생하게 묘사하여
그를 따르는 사람들이 그 비전을 받아들이고
자신의 비전으로 만들게 하는 것이다.
그래야 조직의 모든 에너지가
같은 목표에 집중될 수 있다.
그때 비전이 실현된다.

| 조너선 스위프트(영국 작가) |

1971년 어느 날 미국 동부에서 있었던 이야기입니다. 당시에는 K마트가 미국 할인점 시장을 독점하고 있었습니다. K마트의 독점적 횡포에 시달리던 여덟 명의 중소 할인마트 사장들은 매달 한 번 정례 미팅을 갖고 어떻게 하면 K마트의 등쌀에서 벗어날 수 있을지 함께 고민하고, 상호 간에 영업 노하우를 공개하고 협력방안을 논의하곤 했습니다. 그렇게 1년쯤 지난 어느 날, 한 사장이 재미있는 내기를 제안했습니다. 각자 왼쪽에는 전년도 자사 매출을 적고 오른쪽에는 10년 후의 예상 매출을 적은 후에 밀봉하여, 10년 후에 개봉해서 가장 근접하게 맞춘 사장에게 큰 포상을 하자는 것이었습니다. 여덟 명 중의 일곱 명은 매우 합리적인 예측을 적어 냈습니다. 전년에 4,000만 달러 매출을 올린 A사는 10년 후에는 8,000만 달러의 매출을 올릴 것이라 예상했고, 작년에 6,000만 달러 매출을 올린 B사는

10년 후 1억 매출을 올릴 것이라고 적었습니다. 작년에 1억 달러의 매출을 기록한 C사는 10년 후 1억 6,000만 달러의 매출을 예상했습니다. 평균적으로 10년 동안 두 배 정도 성장하리라 추정한 것입니다. 여러 가지 정황으로 볼 때 매우 합리적인 수준이라 할 만합니다. 그런데 유독 한 업체의 사장님만이 전년 매출 4,400만 달러에서 10년 후 20억 달러를 하겠다고 적어 냈습니다. 무려 45배 성장할 수 있다고 장담한 것입니다. 너무 황당한 예측치여서 내기 자체가 유야무야되었다는 후문입니다. 다른 사장들의 비웃음을 산 것은 물론입니다.

그런데 실제로 10년 후 그 회사의 매출은 20억 달러를 넘었습니다. 월마트 창업회장 샘 월튼의 이야기입니다.

우리는 꿈의 크기만큼 자랍니다. 개인의 경우와 마찬가지로 회사도 사장이 꾸는 꿈의 크기만큼 자랍니다. 비전은 내일이 어떻게 될 것인지에 대한 마음속의 그림입니다. 10년, 20년 후 조직의 미래상입니다. 비전vision이라는 말은 원래 '보다view'라는 말에서 유래했습니다. 미래의 모습, 이상향을 미리 본다는 의미입니다. 단순한 미래의 그림이 아니라 가고 싶고, 갖고 싶고, 가슴 뛰게 하고, 강렬히 원하는 소망과 열망을 미리 보는 것입니다.

비져녀리
리더

리더의 역할 중 가장 중요한 한 가지를 꼽으라면 단연코 비전을 제시하는 일입니다. 리더는 전략적 비전을 확립하고 장기 목표를 설정함으로써 조직에 오랫동안 영향을 미칩니다. 보이지 않는 미래를 뚜렷하게 보게 하고, 미래의 방향과 목표를 설정해서 한 방향으로 정렬시키고, 그 비전이 달성된 미래를 상상하면서 즐겁게 일하게 하며, 조직원 모두가 함께 힘을 합쳐서 나가게 하는 것이 바로 리더의 가장 중요한 역할이자 가장 먼저 해야 할 일입니다.

타조는 지상에서 가장 크고 빨리 달리는 새이지만 날지 못하므로 전방의 일정 거리만 볼 수 있습니다. 저 멀리에 낭떠러지나 함정이 있는지도 모르고 뒤돌아보지 않고 옆도 보지 않기에 다른 사람, 다른 기업, 다른 나라의 사정은 모르는 채 앞으로만 전진합니다. 반면 하늘을 유유자적 나는 독수리는 땅에서 높이 떠 있기에 비현실적으로 보일 수는 있지만, 앞이나 옆을 더 멀고 넓게 볼 수 있습니다. 또 자신이 갈 길을 교정하며 남들이 어떻게 하고 있는가를 살필 수 있어, 확실한 미래상을 가질 수 있습니다. 이러한 독수리의 삶이 바로 비전을 제시하는 리더의 삶이라 할 수 있습니다. 리더는 다른 사람이 보는 것보다 더 많이 보고, 다른 사람이 보는 것보다 더 멀리 보며, 다른 사람이 하기 전에 미리 해보아야 합니다.

비전은 나침반의 역할, 동기부여 기능, 그리고 가치 판단의 기준이 됩니다. 각 요소를 하나하나 구체적으로 살펴보면 다음과 같습니다.

첫째, 비전은 기업의 나침반입니다. 나침반의 N극이 항상 북쪽을 향하듯 어느 조직이나 나아가는 방향이 항상 일정해야 합니다. 비전이 없으면 기업은 앞으로 나아갈 수 없습니다. 캄캄한 밤에 사막에서 길을 잃었더라도 북극성을 보고 그 방향으로 쭉 걸어가면 북쪽으로 갈 수 있습니다.

둘째, 비전은 구성원들에게 꿈과 희망을 제시함으로써 조직의 사명에 동참하게끔 동기를 부여하는 역할을 합니다. 조직원들이 현재의 고통을 잊고 미래를 향해 도전할 수 있게 합니다.《어린왕자》의 저자 생텍쥐페리는 "만일 당신이 배를 만들고 싶다면, 사람들을 불러 모아 목재를 가져오게 하고 일을 지시하고 일감을 나눠주는 등의 일을 하지 마라! 대신 그들에게 저 넓고 끝없는 바다에 대한 동경심을 키워주어라"라고 말했습니다.

사람은 감정의 동물입니다. 명령이나 지시, 돈으로 행동을 유도할 수 있을지는 몰라도 마음마저 움직이긴 어렵습니다. 조직 구성원의 마음을 움직여 진심으로 일하게 하는 것은 명령이나 지시, 또는 많은 보수가 아니라 꿈입니다.

셋째, 비전은 가치 판단의 기준이 됩니다. 비전은 구성원들이 일상적인 업무에서 신속하게 옳고 그름을 판단하는 가치 판단의 기준이 됩니다.

달성 가능한 겸손한 비전 vs 달성 불가능해 보이는 비전

"기업이 실패하는 이유에는 두 가지가 있다. 하나는 계획을 달성하지 못한 경우고, 다른 하나는 계획을 달성하긴 했지만 원대함이 부족했던 경우다. 계획이 원대하지 못했다는 건 근본적으로 시작하기도 전에 실패한 것과 마찬가지다. 나는 결코 두 번째 원인의 실패를 원치 않는다."

마크 저커버그, 페이스북 창업자가 한 말입니다. 제가 20년 동안 실제 회사를 경영하면서 가장 크게 고민했던 주제가 바로 '달성 가능성이 높은 겸손한(?) 비전이 좋을까? 달성 불가능해 보이지만 구성원의 가슴을 울렁이게 하는 원대한 비전이 좋을까?'에 관한 것이었습니다.

일본 파나소닉의 창업회장 마스시타 고노스케는 "5퍼센트 성장은 불가능해도 30퍼센트 성장은 가능하다. 5퍼센트 성장을 목표로 삼으면 과거 방식대로 움직이기 때문에 4퍼센트 성장도 달성하기 힘들다. 그러나 30퍼센트 성장을 목표로 삼으면 혁신적인 아이디어를 찾게 되고 접근방식도 달라져서 기대 이상의 성과를 거두곤 한다"라고 말했습니다.

전적으로 동의합니다. 제가 경영에서 가장 중요하게 생각하는 부분이기도 합니다. 5퍼센트 성장을 목표로 하면 직원들은 별다른 노력 없이도 충분히 달성 가능하다고 생각하기에, 색다른 방법을 구상하거나 특별히 노력을 기울이지 않게 됩니다. 그 결과 5퍼센트로 목표를 설정하면 3~4퍼센트의 성장을 이뤄내곤 합니다. 저는 늘 공격적 목표stretched-goal를 설정하는 습관이 있습니다. 달성 가능성을 따지기 전에 일단 최소 30퍼센트 이상은 성장해야 한다고 주장합니다. 물론 지금까지의 사고와 방법, 상품과 솔루션으로는 그 목표를 달성할 수 없다는 것을 모두 알고 있습니다. 따라서 뭔가 새로운 방법을 찾기 위해 노력합니다. 어찌 보면 달성 불가능해 보이는 목표를 위해 일 년 내내 힘들게 고생하는 원인이 되기도 합니다. 그 결과 30퍼센트는 달성하지 못한다 해도 최소 10퍼센트 이상의 성장은 일궈냅니다. 경영자로서는 5퍼센트 성장보다 30퍼센트 성장을 목표로 내세운 것이 더 나은 결과로 이어졌다고 생각하게 됩니다.

그러나 이런 일들이 수년간 이어진다면 조직에 피로감이 쌓이게 됩니다. 어차피 달성하지 못할 목표라는 냉소주의가 퍼질 수도 있습니다. 그렇게 되면 목표가 지닌 본연의 의미, 즉 구성원의 열과 성을 끌어내는 고유의 기능이 사라집니다. 그래서 어느 순간 저도 모르게 현실과의 타협을 모색하게 되었습니다. 원대한 꿈도 좋지만, 그것이 달성 불가능하다고 여겨져 직원들의 의욕을 불러일으키지 못하고 오히려 냉소주의의 빌미를 제공한다면 달성 가능성을 높인 겸손한(?) 목표를 세우는 것이 더 좋겠다고 판단하게 되었습니다. 그러나 한편으로 이것만으로는 구성원들의 열망을 불러일으킬 수 없다는 생각이 들어 깊은 딜레마에 빠졌습니다. 작은 비전은 달성 가능성은 높지만, 비전으로서의 기능을 온전히 다할 수는 없기 때문입니다.

직원들이 가슴속으로 비전을 받아들여야만 구성원의 열망을 끌어내어 달성을 앞당길 수 있습니다. 폭발적인 힘을 발휘하게끔 가슴으로 받아들이려면 그 비전에 세상을 구원하는 숭고함이 들어 있거나, 달성 불가능해 보이는 목표가 있어야 합니다.

이런 딜레마로 한창 고민하던 중 우연히 교세라 회장 이나모리 가즈오의 책에서 해결책을 찾았습니다. 이나모리 가즈오는 20대 후반이던 1959년에 다니던 회사를 그만두고 직원 몇 명과 교세라라는 회사를 차리면서 다음과 같은 비전을 만들어 공개했습니다. 교세라는 '교토 세라믹'의 약자입니다.

"우선, 이 공단에서 제일가는 기업이 되고, 곧 교세라를 교토 제일의 기업으로 만듭시다. 아니, 교토 제일을 넘어 일본 제일의 기업으로 만듭시다. 아니, 일본을 넘어 세라믹 업계에서 세계 제일의 기업으로 만듭시다."

이처럼 평소 존경하는 경영의 신도 '세계 일등'이라는 단어를, 그것도 창립 직후 아무것도 가진 게 없는 상황에서 비전에 사용했는데, 우리라고 못 할 이유가 없다는 생각이 들었습니다. 이런 깨달음을 토대로 저도 세계 일등 교육기업이 되겠다는 비전을 새롭게 정립했고, 매년 30퍼센트 이상의 높은 목표를 설정해오고 있습니다.

양손잡이 리더

사람들은 리더의 비전과 미래의 목표를 보고 따라옵니다. 직원들은 자신들이 오늘의 과제에 집중하는 동안에도 경영자는 내일의 과제에 집중하기를 기대합니다. 그들은 자신들을 위한 미래가 계획되어 있다고 믿으면 만족해하면서, 기꺼이 맡은 일과 원대한 목표에 헌신합니다.

성공하는 기업의 경영자들은 비전을 제시하는 역할의 중요성을 알고 있기에 장기적인 시각을 갖고 단기적인 문제들을 해결합니다. 그러나 대부분의 리더는 그렇지 못합니다. 〈월스트리트저널〉이 21세기 최고의 경영 구루로 선정한 런던비즈니스스쿨의 게리 해멀 교수에 따르면 전형적인 기업의 임원들은 그들이 가진 시간 중에서 2.4퍼센트만을 미래를 위한 계획을 세우는 데 쓴다고 합니다. 대부분의 지도자는 그날의 업무나 빡빡한 일과를 소화하기에도 바빠, 회사가 어디로 가야 할지에 관해 생각할 시간이 부족한 것입니다.

비전을 제시하는 리더로 잘 알려진 대표적인 인물이 바로 소프트뱅크의 손정의 회장입니다. 손정의 회장이 비전을 얼마나 중요하게 생각했는지 알려주는 에피소드가 있습니다.

24세에 창업할 당시, 손정의 회장은 허름한 창고에서 '직원 조회'를 소집했습니다. 직원이라곤 아르바이트생 두 명뿐이었지요. 그 두 명을 세워놓고 그는 연단 대신 귤 궤짝 위에 올라가 일장연설을 쏟아냅니다. "우리 회사는 5년 이내에 100억 엔, 10년 후에는 500억 엔, 언젠가는 1조 엔 대의 기업이 될 것이다"라고 열변을 토했습니다. 당장 먹고살 형편이 막막한 처지에 거대 기업을 운운했으니 그야말로 과대망상 같은 모습이었을 것입니다. 기가 질린 직원 두 명은 곧 회사를 그만두었습니다. 그러나 오늘날 소프트뱅크가 세계적인 기업의 반열에 오른 것은 손정의 회장의 커다란 비전에 있었기에 가능했다는 것을 알 수 있는 흥미로운 일화입니다.

많은 스타트업이나 중소기업 사장님이 아직은 자신의 회사가 비전을 논할 정도로 크지 않다고 이야기합니다. 마치 비전을 논하는 것은 사치라고 생각하는 듯합니다. 그러나 비전은 여유가 있을 때 세우는 것이 아닙니다. 손정의 회장의 사례는 오히려 창업 초기부터, 사업을 시작하기 전부터 원대한 비전이 필요하다는 것을 웅변적으로 보여줍니다.

그렇다면 비저너리visionary 리더가 되기 위해서는 어떻게 해야 할까요? 무엇보다도 미래의 구상에 제대로 된 시간과 노력을 투자해야 합니다. 비전을 제시하는 것은 누구에게도 위임할 수 없는 리더 본연의 최우선적 임무이기 때문입니다. 비저너리 리더를 위한 몇 가지 제안을 해보겠습니다.

첫째, 양손잡이 경영에 힘쓰기.

조직은 늘 단기적인 성과를 창출해야 하는 것과 장기적인 성장과 발전을 추구해야 한다는 두 가지 양립하기 힘든 과제를 안고 살아갑니다. 당장 이익과 현금을 창출해내지 못하면 제아무리 전도양양한 기업이라 하더라도 생존할 수 없습니다. 반대로 단기적인 이익 창출에 급급해서 미래를 위한 투자, 즉 기술, 브랜드, 사람, 평판에 대한 투자를 소홀히 하면 장기적인 성장과 발전을 이어나가기 어렵습니다. 기업 경영자는 항상 양손잡이 경영을 염두에 두어야 합니다. 한 손으로는 당장 수익을 창출하기 위해 노력하고, 다른 한 손으로는 미래에 대한 투자를 함께 해나가야 합니다. 즉 당장의 현업도 잘 알아서 처리하면서, 동시에 미래에 대한 관심과 투자도 병행해야 합니다. 저는 현재에 대한 투자를 7, 미래에 대한 투자를 3 정도로 나눠 균형을 잡으려고 노력합니다. 물론 각자 처한 사정에 따라 미래에 투자하는 정도는 달라질 수 있습니다. 그러나 최소 20퍼센트 정도는 경영자 스스로, 그리고 조직 전체로도 미래에 투자하게끔 신경을 써야 합니다.

둘째, 멍하니 창밖을 내다보는 시간을 갖기.

리더가 너무 바쁘면 안 됩니다. 바쁜 일상과 현업에 파묻혀 생활하다 보면 누구에게도 위임할 수 없는 리더의 역할, 즉 전체를 조망하고 조직의 미래를 설계하는 일을 소홀히 할 수밖에 없습니다. 리더 말고는 누구도 조직의 운명을 책임지는 사람이 없다는 냉혹한 현실을 직시하고, 부족한 시간 속에서도 미래를 생각하는 시간을 강제적으로라도 할당할 수 있어야 합니다. 조직의 리더는 독수리의 시야를 갖기 위해 일부러 '노는 시간', '한가한 시간'을 반드시 만들어야 합니다. CEO가 챙기지 않아도 될 일은 가능한 한 하부에 위임하고 24시간이라는 정해진 시간 안에 미래가 들어오게끔 시간표를 비워놓아야 합니다.

정곡을 찌르는 독특한 아이디어는 주로 일에서 한 발 떨어져 있을 때 도출됩니다. 링컨 대통령은 "장작을 패는 데 쓸 수 있는 시간이 여덟 시간이라면, 나는 그중 여섯 시간은 도끼날을 날카롭게 세우는 데 쓸 것이다"라고 했습니다. 빌 게이츠가 매년 2주일씩 현업에서 벗어나 홀로 조용히 생각하는 주간thinking weeks을 갖는 것도 이러한 이유 때문입니다.

셋째, 멀리 보는 습관, 미래의 관점에서 현재를 바라보기.

세상을 바꾸는 위대한 비전은 멀리 보는 습관에서 나옵니다. 세계적으로 성공한 경영자는 줄곧 10년, 20년 후의 미래를 생각하면서 필요한 의사결정을 해온 사람들입니다.

손정의 회장은 "눈앞을 보기 때문에 멀미를 느끼는 것이다. 몇백 킬로미터 밖을 보라. 그곳은 잔잔한 물결처럼 평온하다. 나는 그런 장소에 서서 오늘을 지켜보고 사업을 하고 있기 때문에 전혀 걱정하지 않는다"라고 말합니다. 손정의 회장은 자신은 백년대계가 아닌 '300년 대계'를 추구한다고 말합니다. '300년 뒤에도 세계 톱을 달리는, 100만 명의 종업원을 거느린 초일류 기업'을 건설하려는 꿈을 향해 매진하고 있다는 것입니다. 손 회장의 멀리 보는 습관은 그의 나이 열아홉 살에 만든 '인생 50년 계획'에서 그 싹을 찾을 수 있습니다. 거기에는 이렇게 적혀 있습니다.

'20대에 이름을 날린다. 30대에 최소한 1,000억 엔의 자금을 마련한다. 40대에 사업에 승부를 건다. 50대에 사업을 완성한다. 60대에 다음 세대에 사업을 물려준다.'

세상이 혼란스러울수록 멀리 보는 것이 중요합니다. 모든 일에는 항상 굴곡이 있게 마련입니다. 그래도 멀리 떨어져서 보면 변화무쌍한 세상이 질서정연하게 보일 수 있습니다. 마치 먼 하늘 위에서 육지를 보면 한눈에 모든 것이 들어오는 것과 같습니다. 위대한 경영자는 현장을 제대로 파악하면서, 동시에 멀리 떨어져 미래를 내다보는 능력을 겸비해야 합니다.

미래의 관점에서 현재를 바라보는 시각도 중요합니다. 금융시장의 미래를 이끌어가는 미래에셋의 박현주 회장은 "미래 시각으로 현재를 보는 습관이 내 성공 비결이다. 그 밖에 균형감각이나 남들과 다른 관점의 소수 게임, 즉 원칙을 염두에 두고 밝을 때는 그림자를, 어두울 때는 빛을 볼 수 있는 인식의 전환이 또 다른 성공 요인이다"라고 밝히고 있습니다. 손정의 회장은 보다폰 인수와 같은 중대한 의사결정을 할 때는 30년 뒤의 관점에서 판단한다고 말합니다. 즉 30년 뒤 회사가 가야 할 큰 전략적인 비전을 설정해놓고, 그 비전을 실현하기 위해 이 사업이 필요한 도메인(사업영역)인가, 아닌가를 따지는 것입니다. 먼 미래에서 현재로 거꾸로 역산逆算해오는 방법입니다.

미래 관점에서 현재를 보는 것의 중요성은 미로 찾기를 해보면 쉽게 실감할 수 있습니다. 미로 찾기를 할 때 사람들은 자연스럽게 입구에서 시작합니다. 복잡한 미로를 가다 보면 여러 가지 갈

림길이 나오고, 수많은 시행착오를 겪어야 겨우 미로를 탈출하게 됩니다. 그런데 아주 쉽게 미로를 탈출하는 방법이 있습니다. 거꾸로 출구에서 들어가는 방식입니다. 실제로 해보면 단 한 번도 막히지 않고, 시행착오 없이 손쉽게 입구까지 도달할 수 있을 것입니다. 현재 시점에서 미래를 보는 것과 미래의 특정 시점에서 현재를 보는 것의 차이도 이와 같습니다.

넷째, 미래에 대해 끊임없이 학습하기.

저는 늘 리더가 미래에 대한 학습을 하지 않는 것은 음주 운전을 하는 것과 같다고 주장합니다. 리더가 어디로 가야 할지 모르는 상태에서 조직을 이끄는 것은 운전자가 목적지를 정하지 않고 운전을 하는 것과 같고, 항해사가 목적지를 정해놓지 않고 배를 모는 것과 같습니다.

모든 것이 급속하게 변화하는 오늘날, 목적지를 제대로 정하기 위해서는 리더가 끊임없이 학습해야 합니다. 본인이 속한 산업의 미래는 물론이고 전체 산업, 더 나아가서는 미래 사회 전반에 대한 충분한 학습이 이루어져야 합니다. 사람의 잠재력은 놀라울 정도로 큽니다. 미래에 대해 끝없이 생각하고 계속해서 책을 읽으며 공부하다 보면 어느새 또렷하게 미래가 보이게 됩니다. 그렇게 또렷이 미래가 보이고 그 미래 속에 우리 조직이 가야 할 방향을 잡아 정확하게 점을 찍을 수 있을 때까지, 미래에 대한 학습을 멈춰서는 안 됩니다.

손정의 회장의 미래에 대한 통찰력도 독서에서 비롯되었습니다. 손 회장은 26세부터 중증 만성간염으로 3년간 병원 신세를 질 때 4,000여 권의 책을 독파하면서 사업 구상에 몰두했다고 합니다. 미래를 읽기 위한 그의 그런 노력과 습관은 오늘까지 이어지고 있습니다. 리더가 손에서 책을 놓는 순간부터 조직의 쇠퇴가 시작된다는 점을 명심해야 할 것입니다.

알아들을 때까지 비전을 이야기하라

1999년, 당시로써는 전 세계적으로 가장 추앙받는 경영자였던 GE의 잭 웰치 회장이 한국을 방문했을 때 한 경영자가 이렇게 물었습니다.

"세계에서 가장 존경받는 기업의 가장 존경받는 경영자로 선정된 리더십 비결은 무엇입니까?"

그러자 잭 웰치는 서슴없이 대답했습니다.

"딱 한 가지입니다. 나는 내가 어디로 가는지 알고 있고, GE의 전체 구성원도 내가 어디로 가는지 알고 있습니다."

이 짧은 대답에 핵심 메시지가 숨어 있습니다. '나는 내가 어디로 가는지 알고 있고'라는 말은 경영사로서 10년, 20년 후의 미래 비전과 전략을 확실히 갖고 있음을 의미하고, 'GE의 전체 구성원도 내가 어디로 가는지 알고 있습니다'라는 말은 기업의 비전을 30만 전 직원의 꿈과 열망으로 만들었다는 것을 의미합니다.

그런데 엄밀히 살펴보면 이 대답에는 오류가 숨겨져 있습니다. 비전을 만드는 것과 비전을 공유하는 것은 분명 다르며, 각각 모두 중요하기 때문입니다. 10년 후의 모습을 미리 보는 일은 불가능에 가깝습니다. 그러나 조직의 리더는 헌신적인 노력을 통해 조직의 미래상을 구체화할 수 있습니다. 그러나 그렇게 힘들게 만든 비전이라 하더라도, 비전을 만드는 것만으로는 반쪽짜리일 뿐입니다. 제아무리 훌륭한 비전이라도 직원들에게 공유되지 않으면 전혀 제 기능을 할 수 없습니다. 유목민의 속담처럼, 한 사람의 꿈은 꿈으로 끝나지만 만인의 꿈은 현실이 됩니다. 따라서 경영자는 비전을 만드는 것 못지않게 공유하는 데 더 많이 신경 쓰고 더 많이 투자해야 합니다.

그렇다면 비전을 공유한다는 것은 어떤 의미일까요?

비전을 공유하는 것은 두 가지로 나눌 수 있습니다. 머리로 비전을 이해하게 하는 것이 하나이고, 가슴으로 비전을 받아들이게 만드는 것이 또 다른 하나입니다.

머리로 비전을 이해하는 것은 매우 중요합니다. 깜깜한 밤에 사막에서 길을 잃었을 때 북극성을 보고 방향을 알 수 있는 것처럼, 구성원들이 머리로 비전을 이해하게 되면 조직의 전략이 일관성 있게 한 방향으로 정렬되고, 조직의 힘이 그 방향으로 집결되는 효과를 얻을 수 있습니다. 비전이 바로 전략의 핵심이라 할 수 있는 선택과 집중의 바로미터가 되는 것입니다. 조직의 한정된 자원을 활용해 최상의 성과를 창출하려면 자원과 역량이 결집되어야만 하므로, 구성원 모두가 조직의 비전과 전략을 명확히 이해하는 것은 매우 중요합니다.

그러나 머리로만 이해해서는 온전히 비전이 작동하지 않습니다. 가슴속으로 비전을 받아들여야만, 구성원의 열망을 끌어내어 비전의 달성을 앞당기게 됩니다. 가슴으로 비전을 공유한다는 것은 무엇을 의미할까요? 비전은 그야말로 원대한 꿈입니다. 달성할 수 있으면 너무나 좋지만 아이러니하게도 달성이 불가능해 보이는 것이 오히려 제대로 된 비전입니다. 즉 보통의 노력으로는 달성이 불가능하다는 것입니다. 구성원 모두의 뜨거운 열정이 하나가 되어야만 비로소 현실이 될 수 있습니다. 그렇게 되려면 직원들이 비전을 생각할 때 가슴이 뛰어야 합니다. 비전을 생각하면 아침에 자다가도 벌떡 일어나서 회사에 가고 싶어 할 정도가 되어야 합니다. 가슴으로 비전을 공유한다는 것은 바로 이런 것입니다. 구성원 모두가 비전을 생각하면 가슴이 설레게 하는 것, 비전을 달성하기 위해 자신이 가진 모든 것을 쏟아보고 싶게 하는 것이 바로 가슴으로 비전을 공유하는 것입니다.

아무리 훌륭한 비전이라도 그 비전이 구성원들의 머리와 가슴에 공유되지 않으면 반쪽짜리 비전, 리더 혼자만의 꿈으로 전락해버려 비전의 기능을 상실하게 됩니다. HP의 존 영 회장은 직원과 공감대를 형성하는 것의 중요성을 다음과 같이 지적합니다.

"성공하는 회사는 최고경영진에서 말단 직원에 이르기까지 총체적인 목적으로 하나의 공감대를 이루고 있다. 아무리 현명한 경영전략도 직원과의 공감대가 없으면 실패하고 만다."

이나모리 가즈오 회장은 비전과 경영이념의 공유가 기업의 실질적인 성과로 이어진다고 주장합니다.

"기업 세계에서는 창업자가 사망한 이후 급락하는 기업을 흔히 볼 수 있고, 또한 100년이 넘은 경우 극소수를 제외하고는 영업수익률이 대개 1~3퍼센트 수준에 머문다. 창업 이후 100년이 넘고 창업자가 사망해도 높은 실적을 내는 기업에는 공통점이 있는데, 그것은 전체 직원이 비전과 경영이념을 공유하고 있다는 것이다.”

성공한 기업, 그리고 그 기업을 이끈 경영자는 기업을 지탱하게 해주는 핵심 이념과 비전을 공유하는 데 힘썼고, 이를 통해 조직 구성원 개개인에게 꿈과 비전을 심어주었습니다. 그러므로 모든 리더는 비전을 설계하는 것 못지않게 비전을 공유하는 데 많은 투자를 해야 합니다. 그러나 안타깝게도 아직도 많은 리더가 비전 공유의 중요성을 제대로 인식하지 못하고 있습니다.

그렇다면 직원들과 비전을 공유하려면 어떻게 해야 할까요? 가장 좋은 방법은 비전을 만드는 단계에서부터 직원을 동참시키는 것입니다. 사람들은 누구나 자기가 만든 것은 잘되기를 바랍니다. 한마디라도 보태게 되면 그것은 자기 것이 됩니다. 따라서 미래의 비전을 설계할 때부터 직원이 참여하게끔 다양한 방법을 강구해야 합니다. 예를 들어 비전 만들기 TF를 구성하는 방법, 비전을 만드는 과정에서 여러 차례 설문조사를 실시하는 방법, 중간중간에 투표에 참여하게 하는 방법 등이 있습니다. 한번 만들어진 비전을 벽에 붙이고 마는 것이 아니라, 비전이 직원들의 머리와 가슴으로 침투하도록 각종 이벤트를 실시하는 것도 하나의 방법입니다. 회사의 비전과 핵심 가치를 직원이 피부로 느끼게 시간이 날 때마다 강조하는 것은 물론, 이를 표어로 제작해 사내 곳곳에 부착하는 등 다양한 방법으로 비전과 핵심 가치가 전체 직원의 사고와 행동 양식에 녹아들게 해야 합니다.

그 밖에 기업의 전략과 조직구조 등을 비전과 경영이념에 부합하게 조정하고, 조직 구성원이 일상생활 속에서 핵심 가치를 의사결정의 제1척도로 사용하게 해야 합니다. 나아가 조직 구성원 사이에 비전과 경영이념을 중시하는 문화가 형성되게 해야 합니다. 비전을 체감하게끔 구성된 심도 있는 교육 프로그램을 진행하는 것도 좋습니다. 어떤 노력을 통해서든 조직의 모든 구성원이 기업의 비전에 흠뻑 젖어들게 해야 합니다. 공유되지 않는 비전은 없는 것이나 마찬가지이기 때문입니다.

구성원 간의 비전 공유를 매우 중요시하여, 비전에 동참하지 못하는 이들을 과감하게 퇴출하는 경영자도 있습니다. 잭 웰치 회장은 당장의 성과가 뛰어날지라도 비전과 핵심 가치를 공유하지 못하는 임원은 과감히 내보냈고, 대신 성과는 다소 떨어지더라도 핵심 가치를 철저히 공유하는 임원에게는 한 번 더 기회를 주는 정책을 통해 전 직원이 비전과 핵심 가치를 중요한 요소로 여기도록 이끌었습니다. 옐로로드웨이의 CEO 빌 졸라스 역시 자신이 지향하는 방향에 열의가 없는 이들을 조직 내에 그대로 머물게 하는 것은 공정한 처사가 아니라고 여겼습니다. 그런 사람을 그대로 놔둔다면 결국 그들과 함께 모든 구성원이 타고 있는 배가 좌초될 수밖에 없다는 것이 그의 지론입니다.

또한 잊지 말아야 할 것이 조직 비전과 개인 비전의 결합입니다. 회사의 비전은 회사의 것일 뿐 자신의 미래와는 아무 상관이 없다고 생각한다면 구성원들은 당연히 조직의 비전에 관심을 갖지 않게 됩니다. 그러나 조직 비전이 달성되었을 때 각자에게 어떤 도움이 될 수 있는지 명확하게 보여준다면, 직원들은 회사의 비전을 위해 열과 성을 다하게 됩니다. 기존 구성원의 비전과 회사의 비전을 한 방향으로 정렬시키기 위해서 사내 비전 워크숍을 진행해보는 것도 좋은 방법입니다. 신규 직원을 채용할 때는 반드시 개인과 우리 회사의 비전과 사명이 일치하는지를 체크해보고, 가능하면 회사의 비전과 개인의 비전이 부합하는 사람을 채용해야 합니다. 교육업을 영위하는 저희 휴넷의 경우, 교육을 자신의 업으로 삼고 있는 직원들이 그렇지 않은 직원들에 비해 몰입도와 숙련도, 성과, 장기근속 여부 등에서 큰 차이를 보이고 있음을 실증적으로 알 수 있습니다.

가장 중요한 것은 직원들이 알아들을 때까지 끝없이 비전을 이야기하는 것입니다. 오너나 최고경영진은 자신이 헌신하는 것만큼 일반 직원들도 회사 일에 헌신할 것으로 믿고, 비전이나 전략을 한 번만 얘기해도 다 이해하고 그대로 따를 것이라고 기대합니다. 그러나 현실은 그렇지 않습니다. 조직 구성원은 회사 일 말고도 나름대로 자신에게 중요한 많은 일을 고민하며 살아가기 때문에, 한두 번 비전이나 핵심 가치에 대해 듣는 것으로는 그 의미를 제대로 이해하지 못합니다. 설사 오늘은 이해했더라도 몇 달이 지나면 잊어버리고 맙니다.

특히 변화가 초래한 불안에 휩싸인 구성원은 회사의 얘기를 전혀 들으려 하지 않습니다. 회사의 비전과 자신의 생각과 방침을 전달할 때 '한 번 말했으니 알아들었겠지'라고 생각한다면 그야말로 천진난만한 리더라고 할 수 있습니다. 한 번 듣고 이해하고 비전을 받아들인다면 그 사람이 오히려 이상한 사람일 것입니다. 잭 웰치 회장은 이렇게 말합니다.

"나는 어떤 중요한 아이디어가 있으면 그것을 수년에 걸쳐 온갖 종류의 회의 때마다 수없이 반복해서 강조하고 또 강조했다. 나중에는 아예 신물이 날 정도였다. 나의 커뮤니케이션 방법에는 종종 과도한 면이 있었고, 어쩌면 강박관념으로까지 보였을지도 모른다. 그러나 나는 열 번 얘기하지 않으면 한 번도 얘기하지 않은 것과 같다고 생각한다."

비전이나 경영이념, 리더의 의지를 전파하는 작업이 첫술에 배부를 수는 없습니다. 직원들은 최초 3~4번까지는 '또 같은 소리를 하네'라고 생각하고, 5~6회 정도 되면 '아무래도 중요한가 보다'라고 생각할 것입니다. 10회 정도 되어야 경영자의 본심을 이해하게 되고, 비로소 회사의 비전에 관심을 보입니다.

그렇다면 도대체 몇 번 이야기해야 직원들이 회사의 비전을 정확히 알게 될까요? 정답은 바로 직원 한 명 한 명이 알아들을 때까지 계속해야 한다는 것입니다. 직원들이 회사의 비전을 이해하고 가슴으로 받아들이기 시작하면 눈빛이 달라집니다. 리더가 조금만 주의를 기울이면 어떤 직원이 비전에 공감하고, 어떤 직원은 관심이 없는지 쉽게 알 수 있습니다.

물론 같은 말을 반복하면 직원들은 싫어할 수밖에 없습니다. 그것을 잘 아는 리더는 반복해서 말하는 것을 꺼리고, 한두 번 이야기하고 말게 됩니다. 그러나 공유되지 않은 비전은 그 의미를 상실하게 되므로, 경영자는 욕먹을 각오를 하고서라도 귀에 못이 박힐 만큼 계속해서 이야기해야 합니다. 만약 한 사람도 빠짐없이 머리와 가슴으로 비전을 받아들일 수만 있다면, 그래서 조직원 모두가 공통된 목표를 향해 하나로 똘똘 뭉칠 수만 있다면 아무리 불가능해 보이는 비전이라도 실현될 수 있을 것입니다.

동서고금을 막론하고 같은 꿈을 향해 서로 믿고 의지하며 돌진하는 조직을 가로막을 수 있는 것은 아무것도 없습니다.《손자병법》에도 나오는 '상하동욕자승上下同欲者勝', 즉 장수와 부하가 하나의 공통된 목표를 가진 군대가 승리한다는 기적은 비전을 완벽하게 공유하는 것에서부터 비롯됩니다.

세상을 바꾸는 크고 원대한 사명

거대한 변화를 불러오는 목적, 기존에 존재하지 않았던 혁신적인 방식으로 우리 인류의 삶을 더욱 크고 원대하게 변혁^{MTP, Massive Transformation Purpose}하려는 기업가가 많아지고 있습니다.

공자는 사업을 '하늘과 땅이 서로 거들어 천하의 백성에게 베푸는 것'이라 정의했습니다. 많은 사람에게 크게 베푸는 것이 사업의 핵심이라는 것입니다. 돈 이상의 가치와 사람을 함께 버는 일이 사업입니다. 그런 점에서 사업은 사회운동에 가깝다고도 할 수 있습니다. 사회가 복잡해지고 경쟁이 치열해질수록, 역설적으로 이윤을 떠나 사회적 가치에 주목하는 기업의 가치가 올라가게 됩니다. 세상을 바꾸는 기업들에 대한 고객과 사회의 열광, 직원의 만족도와 몰입, 헌신은 날로 커질 것입니다. 세상을 바꾸려는 원대한 사명은 이제 선택이 아닌 필수입니다.

조직원들도 마찬가지입니다. 사람들은 단순한 생계가 아닌 명분을 위해 일합니다. 일에서 의미를 찾는 것입니다. 그러므로 돈으로만 동기를 유발하기는 어렵습니다.

자신이 이 세상에 존재하는 이유를 소명^{calling}이라 합니다. 하느님이 나를 세상에 내려보낸 이유라는 뜻의 종교적 의미로 많이 쓰이지만, 종교를 떠나서라도 세상을 살아가는 이유를 설명하는 데 있어 소명은 중요한 것입니다. 직업을 뜻하는 여러 단어 중에도 이 'calling'이 포함됩니다. 인생의 대부분을 차지하는 일, 즉 직업이야말로 이 세상을 살아가는 이유여야 한다는 점에서 매우 의미심장하다 할 수 있습니다.

소명과 유사한 단어로 사명^{mission}이 있습니다. 이 단어를 통해 어떤 조직이 이 세상에 존재해야 할 이유를 쉽게 이해할 수 있습니다. 흔히들 회사를 법인^{法人}이라 합니다. 법에 의해 사람의 인격을 부여한다는 것입니다. 법인에 반대되는 개념은 자연인^{自然人}입니다. 우리 인간은 모두 자연인이라고 할 수 있습니다. 천부인권설에 의하면 사람은 누구나 태어날 때부터 인간으로서의 자격,

즉 인격을 가지고 태어납니다. 태어났다는 사실 그 자체로 어느누구에게도 침해되지 않을 고유한 인권을 갖게 되고, 인간으로서의 모든 권리를 가지며 존중받게 됩니다. 그런데 법인은 사람이아니므로 당연히 인간으로서의 권리를 인정받지 못합니다. 그렇지만 법에 의거하여 인간과 같은 권리를 인정해주겠다는 것입니다. 대신 그 존재 가치에 대한 분명한 이유가 있어야 합니다. 그것이 바로 사명, 즉 미션입니다. 사명이야말로 바로 기업의 존립 근거입니다. 스스로 존재 가치를 입증하지 못하면 더 이상 존재할수 없는 것이 바로 법인입니다. 따라서 조직을 대표하는 리더는조직의 비전과 더불어, 아니 비전보다 먼저 조직의 사명을 정립해야 합니다.

비전이 바람직한 조직의 미래상이라면, 사명은 조직의 존재 이유이자 생존을 위한 필요조건입니다. 당연히 존재 이유가 미래상보다 먼저입니다.

개인에게 '나는 누구이고, 무엇을 위해, 왜, 어떻게 살아가야 하는가'에 대한 답이 절대적으로 필요한 것과 마찬가지로, 조직의존재 이유라 할 수 있는 사명을 정립하는 것은 리더가 가장 먼저해야 할 핵심 과제라 할 수 있습니다.

사명은 곧 그 회사의 존재 이유입니다. 그 회사가 이 사회에 존재해야 할 근거입니다. 존재 이유를 찾지 못하는 개체는 곧 사라질 운명에 처합니다. 회사가 사라졌는데도 애통해하거나 슬퍼할 고객이 없다면 그 회사는 이미 존재 가치를 상실한 것이나 마찬가지입니다. 그런 점에서 사명은 곧 그 회사에 혼을 불어넣는 막중한 역할을 하게 됩니다.

사명은 건물의 기초 토대와 같습니다. 사명이 튼튼하게 자리 잡아야 조직이 외풍에 흔들리지 않고 지속적으로 성장하고 발전할 수 있습니다. 제대로 된 사명은 좋은 기업과 위대한 기업을 가릅니다. 좋은 기업은 훌륭한 상품과 서비스를 제공하지만, 위대한 기업은 훌륭한 상품과 서비스를 제공할 뿐만 아니라 세상을 더 나은 곳으로 만들기 위해 노력합니다. 단순히 '경쟁자보다 좋은 자동차를 만들어서 돈을 많이 벌겠다'라는 회사와 '무인 자율주행 전기자동차를 통해 지구의 환경 문제를 해결하고 사람들을 운전에서 해방시키며, 교통사고를 현저히 낮춰서 사람들을 행복하게 하겠다'는 회사, 둘 중 어느 회사에 고객이 열광할 것인가를 따져보면 쉽게 이해할 수 있습니다.

사명은 구성원의 업무 몰입도와 만족도에도 큰 영향을 끼칩니다. 한 연구에 따르면 사명 의식이 있는 직원이 자사를 지인에게 홍보할 가능성은 평균보다 4.7배 이상 높았습니다. 그리고 사업의 개선 방안을 제안할 가능성은 평균보다 3.5배, 기업에서 기대하지도 않은 긍정적인 무언가를 주도적으로 행할 가능성도 3배 높았다고 합니다(크리스 주크, 제임스 앨런, 《창업자 정신》, 한국경제신문, 2016). 회사가 세상을 바꾸는 사명을 확고히 할 때 직원의 참여도와 몰입도가 높아지고, 행복도 역시 높아집니다. 숭고한 사명에 대해 직원들이 올바로 인식하면 성공을 불러오는 행동방식이 자연스레 이어집니다. 그리고 기업을 위해, 고객을 위해, 동료 직원을 위해 더 노력하게 만듭니다. 곧 사라질 열정을 뛰어넘어 세상을 바꾸기 위한 야심찬 사명에 동참하게 만듭니다.

결국 사명이 뚜렷한 기업과 조직은 성공하고, 그렇지 못한 기업은 쇠퇴하게 될 것이 자명합니다. 위대한 기업은 위대한 사명에서 출발합니다. 창업 시점부터 세상을 바꾸려는 야심찬 목표를 설정하여 회사의 존립 근거를 명확히 하고, 이를 실제 경영에서 살아 숨 쉬게 만들어야 합니다.

비전 영역

안개에 둘러싸인 성과 곤경에 처한 공주, 그리고 용감한 기사들이 살던 시대에 한 젊은이가 길을 가다가, 망치와 정을 가지고 있는 힘을 다해 돌을 두드리고 있는 사람을 만났다. 젊은이는 무척이나 화가 나 있는 듯이 보이는 그 석공에게 말했다.

"당신은 무엇을 하고 있습니까?"
그 석공은 고통스러운 듯한 목소리로 대답했다.
"   ㉠   "

젊은이는 여행을 계속하다가 비슷한 돌을 다듬고 있는 또 한 사람을 만나게 되었는데, 그는 특별히 화가 나 보이지도, 행복해 보이지도 않았다.

"당신은 무엇을 하고 있습니까?"

젊은이가 묻자 석공은 대답했다.

"　　　　　　　　　ⓛ　　　　　　　　　"
____

젊은이는 계속 길을 가다가 돌을 다듬고 있는 세 번째 석공을 만

났는데, 그는 일을 하면서 행복하게 노래를 부르고 있었다.

"무엇을 하고 있습니까?".

그 석공은 미소를 지으면서 대답했다.

"　　　　　　　　　ⓒ　　　　　　　　"
____

출처 : 《포천》, 1994. 12. 26. p.196

───────────── 〈보기〉 ─────────────

ⓐ 성당을 짓고 있습니다.

ⓑ 집을 짓기 위해 이 돌을 가다듬고 있는 중입니다.

ⓒ 나는 이 돌의 형태를 다듬고 있는 중인데, 이것은 등뼈가 휘

　　어질 정도로 힘든 작업이랍니다.

다음 글의 빈칸에 들어갈 내용을 〈보기〉에서 골라 순서대로 바르게 나열한 것은?

ㄱ ㄴ ㄷ

① ⓐ ⓑ ⓒ

② ⓐ ⓒ ⓑ

③ ⓑ ⓐ ⓒ

④ ⓑ ⓒ ⓐ

⑤ ⓒ ⓑ ⓐ

✎ 문제 해설

정답은 ⑤다. 세상을 살아가기 위해 반드시 필요하지만 쓸데없어 보여서 대부분 생략하고 그냥 살아가는 질문이 있다. 바로 '나는 누구인가?', '내 인생의 목적은 무엇인가?', '나는 왜, 어떻게 살아가야 할까?'와 같은 근본적인 질문들이다.

이런 질문들은 추상적이고 쓸데없어 보이지만 제대로 답할 경우 삶의 길잡이가 되어주고, 웬만한 외풍에는 흔들리지 않을 정도로 튼튼한 기초가 되어 고통을 이겨낼 수 있는 든든한 배경이 된다. 목적이

있는 삶과 목적 없이 하루하루 살아가는 삶은 비교 자체가 불가능하
다. 그래서 자기 자신에게 인생의 목적을 묻는 질문은 절대적으로 중
요하다. 아직까지 답을 찾지 못했다면 지금이라도 꼭 시간을 내서 스
스로 묻고 답해보기를 권한다. 물론 정답은 없다. 답이 수시로 바뀌
어도 괜찮다.

위기는 조직을 어떻게 바꾸는가

경영혁신은 위기 상황에서만 추구하는 것이 아니라
회사가 존재하는 한 진행되어야 하는 어려운 작업이다.
경영자로서의 첫 번째 자질은
바로 이 같은 경영위기를 인식하고
이를 조직 전체에 확산시키는 것이다.

| 서두칠(한국전기초자 사장) |

　　"변화를 거부하는 사람은 이미 죽은 사람이다. 장례식을 했느냐 안 했느냐는 사소한 문제다. 안정성이라는 것은 시냇물에 떠내려가는 죽은 물고기와 같다. 이 세상에서 우리가 아는 유일한 안정성은 변화뿐이다. 만약 목표를 성취하는 데 방해가 된다면 모든 시스템을 뜯어고치고, 모든 방법을 폐기하고 모든 이론을 던져버려라."

　컨베이어라는 획기적인 제조 시스템을 도입하여 자동차의 대중화를 이끈 헨리 포드의 이 말은 변화와 혁신에 대한 그의 강력한 의지를 보여줍니다. 하지만 그가 언제나 변화와 혁신을 추구한 것은 아닙니다. 변화와 혁신의 대명사격인 헨리 포드도 실제 현장에서는 변화를 거부함으로써 패배를 맛본 경험이 있습니다.

　1912년, 모델 T가 생산된 지 4년밖에 되지 않아 한창 인기 절정이었을 때의 일입니다. 포드에는 윌리엄 넛슨이라는 아주 뛰어난 생산기술자가 있었습니다. 넛슨은 모델 T가 사양길로 접어들었다고 생각했지만 헨리 포드는 모델 T를 너무 좋아한 나머지 볼트 하나 바꾸는 것조차 허용하지 않았습니다. 어느 날 포드는 유럽 여행에서 돌아오자마자 미시간 주에 있는 하일랜드 파크 주차장으로 갔습니다. 그는 그곳에서 넛슨이 디자인한 새로운 자동차 모델을 보았습니다. 포드는 차체가 낮고 뒷부분이 짧은, 반짝이는 빨간 래커(도료의 일종)를 칠한 새 모델이 모델 T의 괴상망측한 변형이라고 생각했습니다. 포드는 순식간에 그 자동차의 문을 뜯어버리고, 구두 뒤꿈치로 천장을 다 부수는 등 최대한 차를 망가뜨렸습니다. 결국 넛슨은 제너럴모터스로 떠났고, 포드는 자동차 시장에서의 선두 자리를 제너럴모터스에 넘겨주어야 했습니다.

이것은 특히 성공 이후에 지속적인 변화와 혁신을 추구하는 것이 얼마나 어려운지를 단적으로 보여주는 사례입니다.

변화와
혁신의 리더

'이 세상에 변화하지 않는 것은 한 가지밖에 없다. 그것은 세상이 끊임없이 변할 것이라는 사실이다'라는 명제는 만고불변의 진리입니다. 인류는 끊임없이 변화와 혁신을 통해 발전해왔습니다. 세상이 끝없이 변화한다는 사실, 그래서 변화와 혁신을 제대로 이뤄내는 것에 조직의 생존이 걸려 있다는 사실은 과거나 지금이나 변함이 없습니다. 다만 달라진 점은 그 변화의 폭과 속도가 점점 더 가속화한다는 사실입니다.

아무리 크게 성공한 조직이라도 급격히 변화하는 세상에서 과거의 성공 경험에 매몰되어 있다면 소멸되는 것은 시간문제일 뿐입니다. 과거의 성공 공식은 과거의 제반 여건 속에서 맞아떨어졌을 뿐입니다. 세상은 급격하게 변화하고 있습니다. 모든 것이 변화한 오늘날, 과거의 성공 방식을 그대로 적용하려면 꼭 들어맞지 않는 것이 당연합니다. 더욱 큰 문제는 과거의 성공에 필연적으로 따라오는 자만심이 우리의 눈을 가린다는 사실입니다. 따라서 과거의 성공 공식은 미래의 실패 공식이 되고, 과거에 우리를 살린 성공적인 처방은 미래에 우리를 죽이는 독약이 되기 십상입니다.

과거와 같이 변화의 속도가 느릴 때는 실패도 서서히 이루어졌지만, 오늘날 환경 변화에 눈을 감거나 그 변화 속도를 맞추지 못하면 소멸하는 속도도 전광석화처럼 빨라집니다.

이제 모든 조직에서 변화와 혁신은 변수가 아니라 상수라 할 수 있습니다. 이 사실을 인지하지 못한 리더와 그 조직은 어떤 조직을 막론하든 얼마 가지 못해 쇠퇴하고 소멸될 것입니다. 자연은 변화하지 못하는 개체에 무자비합니다.

만약 지금 변화의 소용돌이 속에서 혼란을 느끼지 못하는 조직과 리더가 있다면 상황이 어떻게 돌아가는지 전혀 모르고 있다 해도 과언이 아닙니다. 변화는 우리 시대를, 아니 역사를 관통하는 법칙입니다. 변화의 영향권에서 벗어날 개인과 조직은 아무도 없습니다. 변화에 익숙하게 대응하는 능력, 외부 환경 변화의 속도에 맞추어, 아니 그보다 조금 더 빨리 변화할 수 있는지의 여부가 조직의 성패를 결정합니다.

변화의 시대를 살아가는 모든 리더는 필연적으로 변화와 혁신의 전문가가 되어 이를 주도해야 합니다. 그것도 특정 시기가 아닌 상시적으로 말입니다. 또한 그 안에서 위기를 기회로 만들기 위해 미리 변화와 혁신의 방법을 마스터해야 합니다.

변화하지 않으면 죽는데도, 대부분의 사람은 변화를 거부합니다. 리더는 모든 변화에 필수적으로 따라오는 저항에 관해서도 확실하게 인지하고 미리 대응책을 마련해야 합니다. '피할 수 없으면 즐겨라'라는 말처럼, 어쩔 수 없이 수동적으로 변화에 대응하기보다는 미리 변화를 즐기는 조직을 만들어야 합니다.

모든 리더는 "결국 살아남는 종은 강인한 종도 아니고, 지적 능력이 뛰어난 종도 아니다. 변화에 가장 잘 대응하는 종이 결국 살아남는 것이다"라는 다윈의 충고를 가슴에 새겨야 할 때입니다.

저항은 인간 본성이다

하버드 경영대학원의 존 코터 교수는 저서《기업이 원하는 변화의 리더》에서 변화와 혁신에 실패하는 이유를 다음과 같이 설명합니다.

혁신이 필요하다는 긴박감을 충분히 조성하지 못하는 경우, 변화를 이끌 충분한 능력을 갖춘 팀을 구축하는 데 실패한 경우, 혁신을 성공으로 이끌 만한 비전이 결여된 경우, 혁신을 이끌어가는 데 할애할 시간과 노력이 턱없이 부족한 경우, 변화와 혁신을 방해하는 장애물을 제거하지 못하는 경우, 단계적 승리를 위한 체계적인 계획과 실현이 부족한 경우, 변화를 기업문화 속에 뿌리내리지 못하는 경우가 그것입니다. 이를 뒤집어 말하면 성공적인 변화를 위한 여덟 단계를 도출해낼 수 있습니다.

1단계. 변화의 필요성과 위기의식의 공유

2단계. 구성원의 동참 유도와 변화를 이끌 강력한 팀 구축

3단계. 변화 후의 모습에 대한 비전을 만들어 공유

4단계. 변화 필요성과 과정에 대한 끊임없는 커뮤니케이션

5단계. 변화를 위한 임파워먼트

6단계. 작은 성공 체험small success의 확산

7단계. 성과와 보상 연계 등 제도적 장치 마련

8단계. 변화와 혁신을 즐기는 문화 정착

리더는 자신만의 변화·혁신 매뉴얼을 만들어야 합니다. 언제 어느 자리를 맡든 조금의 빈틈도 없이 잘 짜인 프로세스를 가지고 있어야 변화·혁신의 리더라 할 수 있습니다.

변화와 혁신이 실패하는 여러 가지 요인 중에서도 가장 큰 것이 바로 혁신에 반드시 따라오기 마련인 저항을 인지하지 못하거나 그 파괴력을 무시하는 것입니다. 마키아벨리는 무려 500년 전에 혁신에 수반되는 저항의 본질을 정확히 꿰뚫어 보고,《군주론》을 통해 이를 이야기했습니다.

"새로운 질서를 만들어내는 것만큼 어렵고 힘든 일은 없다. 현재의 제도와 시스템으로 혜택을 보는 모든 사람으로부터 엄청난

저항을 받을 수밖에 없기 때문이다. 그러나 한편 개혁을 도와줄 사람들은 새로운 질서가 가져다줄 혜택에 대한 모호한 그림밖에는 없다. 강력한 적과 미온적인 동지, 이것이 혁신이 성공하기 어려운 근본적인 이유다."

놀라운 통찰입니다. 변화와 혁신이 일어났을 때 사람들은 기존에 누리던 것 중에서 빼앗기고 잃어버리는 것을 명확히 알게 되지만, 새롭게 얻는 것이 불명확해서 누구나 변화에 저항하게 된다는 논리입니다.

그러므로 변화와 혁신을 주도하는 리더는 변화할 때 생길 저항을 예측하고, 이에 대한 대비책을 반드시 염두에 두어야 합니다. 사실 명백한 저항은 두렵지 않습니다. 누가 무엇에 저항하는지 정확히 알고 대응하면 됩니다. 정말로 무서운 것은 보이지 않는 저항입니다. 변화와 혁신을 주도하는 리더 앞에서는 찬성하는 듯하면서도 정작 뒤에서는 제대로 따라오지 않거나, 보이지 않는 곳에서 변화에 반대하는 여론을 부추기는 행위를 하는 경우가 그런 것입니다. 그중에서도 가장 큰 저항은 바로 임원, 팀장 등 리더급 직원들의 보이지 않는 저항입니다. 사장은 혁신을 부르짖는데도 직속 상사가 소극적인 자세를 보이거나 변화에 반대하는 낌새를 보이면, 소속 직원들은 자신들도 은근히 변화에 저항하게 됩니다. 겉으로는 따르는 것처럼 보이지만 실제로는 전혀 움직이지 않게 됩니다. 만약 어느 리더가 '우리 조직은 변화에 대한 저항이 없어'라고 말한다면 그는 명백히 존재하는 것을 보지 못하는 무능한 리더임에 틀림없습니다.

혁신을 추진하는 단계에서 모든 리더는 보이는 저항과 보이지 않는 저항을 미리 예상하여 리스트를 만들고 어떻게 각각의 저항을 헤쳐나갈지 대책을 세워야 합니다. 특히 새롭게 조직을 맡았을 때 리더에게는 그 조직을 장악하는 데 대략 90일 정도의 시간이 주어진다고 합니다. 그 짧은 기간에 예기치 않은 저항이 돌출된다면 변화의 이니셔티브를 쥐는 것은 불가능합니다. 저항을 미리 고려해야만 순조롭게 조직을 장악하고 변화와 혁신을 이끌 수 있습니다.

혁신은 한자로 革新이라고 씁니다. '쇠가죽을 무두질해서 새롭게 한다'라는 뜻입니다. 쉽게 말해 모든 혁신은 피를 부른다는 무서운 의미를 내포하고 있습니다. 다르게 해석하면 피를 보지 않고는 혁신을 이끌 수 없을 정도로 저항이 거세다는 의미라고도 할 수 있습니다. 거듭 강조하지만 모든 혁신에는 반드시 저항이 따른다는 평범한 진리를 잊어서는 안 됩니다. 저항의 실체를 명확히 파악해야만 그 저항을 뚫고 혁신을 성공시킬 수 있습니다.

거센 저항을 이겨내기 위해서 변화의 초기에는 없던 위기를 일부러 만들어야 할 때도 있습니다. 혁신을 성공시켰을 때 얻는 이득을 제대로 보여주어서 변화에 주저하는 것을 막을 필요도 있습니다. 저항의 핵심인 사람을 변화촉진자change agent로 삼는 것도 하나의 방법입니다. 더 나아가 변화와 혁신을 즐기는 문화를 만든다면 더 바랄 것이 없겠지요.

변화에 저항하는 구성원, 특히 변화에 소극적인 리더급의 직원을 발견한다면 최선을 다해 변화에 동참하게끔 설득해야 합니다. 그러나 끝까지 변화에 저항한다면 그대로 방치해서는 안 됩니다. 인간적인 정과 배려 때문에, 혹은 굳이 내 손에 피를 묻히고 싶지 않다는 생각 때문에 저항하는 사람들에게 쓴소리를 제대로 못하거나 혁신 성공을 위해서는 꼭 내보내야 할 사람을 내보내지 못하는 리더들이 많습니다. 저항이 미칠 영향을 과소평가하여 적당히 타협하고 넘어가는 것입니다. 그러나 중간관리자, 특히 최고경영자에 버금가는 영향력을 가진 2~3인자들이 변화에 저항하는 것을 그대로 방치하면 부작용이 너무나 큽니다. 본인뿐만 아니라 주변 사람들도 모두 따라서 배우게 됩니다.

변화하지 않아도 별다른 불이익이 없다면 저항은 점점 거세지게 마련입니다. 따라서 변화에 대한 설득이 안 될 경우 읍참마속

泣斬馬謖의 심정으로 과감히 내보낼 수 있어야 합니다. 사람을 내보낼 줄 아는 리더와 그렇지 못한 리더의 성과 차이는 하늘과 땅만큼 큽니다. 중간 리더들이 변화에 적극 동참하지 못하면 조직에서 나갈 수 있다는 사인을 확인하는 것만으로도 저항을 누그러뜨리는 효과를 거둘 수 있습니다.

저항과 더불어 변화·혁신 리더가 항상 기억하고 있어야 할 또 하나의 화두가 바로 혁신에 대한 면역입니다. 늘 변화해야 하는 상황에서 매년 정례적으로 똑같이 위기의식을 불어넣고 똑같은 이벤트로 혁신을 추진하다 보면 구성원들은 어느새 혁신 활동에 둔감해집니다. 구성원이 "또 혁신 이벤트를 하는구나!", "올해도 저러다 말겠지" 하는 생각을 갖게 되면 효과적으로 혁신 활동이 전개되는 것은 불가능합니다. 혁신 활동에 면역이 생기면 긴장감도 현저히 떨어지고 직원들은 하는 척만 하게 됩니다. 이 바람이 지나가길 바라면서 복지부동할 가능성이 커집니다.

매년 정례적인 이벤트성 혁신 활동, 누구나 예측 가능하고 뻔한 이벤트는 가급적 피해야 합니다. 처음에만 크게 떠들다가 끝에 가서는 유야무야되는 용두사미형 혁신 활동이 되지 않게끔 주의하고, 작은 성과라도 반드시 거둘 수 있게 혁신의 결과에 주목해야 합니다. 칼을 뺐으면 호박이라도 찌르는 모습을 보여주어야 합니다. 혁신의 필요성부터 활동 중간중간에 세세한 커뮤니케이션을 병행하는 것, 혁신의 공과가 직원에게 골고루 돌아가게 하는 것도 면역에 대한 대응 방안이 될 수 있습니다.

혁신을 성공적으로 추진해야 하는 혁신 리더, 아니 모든 리더는 혁신에 대한 저항과 면역을 제대로 살피고 대응할 수 있는 능력과 방법을 처음부터 길러놓아야 합니다.

없던 위기도 만들라

제게는 나름대로 리더십 역량을 평가하는 기준이 있습니다. 특히 변화와 혁신을 제대로 추진할 수 있는 역량을 갖춘 리더인지 평가하는 기준은 간단합니다. 조직이 위기에 처했을 때 위기가 아니라고 부정하는지, 아니면 위기라고 인정하고 이를 좋은 기회로 활용하려 하는지를 보면 금방 알 수 있습니다. 위기의 징후가 명백한데도 위기가 아니라고 부정하는 리더는 예외 없이 무능한 리더라고 생각하면 됩니다. 위기라고 인정하면 자신이 잘못한 것처럼 인식될까 봐 방어기제가 발동하고, 위기에 대한 책임을 본인이 떠맡아야 된다고 생각해서 위기가 아니라고 주장합니다. 위기가 현실화하면 구성원들이 동요할까 봐 두려워하는 분들도 많습니다. 변화·혁신에 있어 위기가 가져오는 기회를 전혀 모르고 있어서 이를 살릴 생각을 아예 못하고, 위기를 부정하느라 바쁩니다. 반면 뛰어난 리더는 위기를 비상의 기회로 삼습니다.

"조직 혁신을 시도하려 할 때 우리가 범하는 가장 큰 실수는 동료 경영진이나 직원들에게 충분한 위기의식을 불어넣기도 전에 혁신을 시작해버리는 것이다. 이런 실수를 범하는 것은 매우 치명적인데, 자만심과 무사안일이 팽배한 조직에서 경영혁신의 목적을 달성하는 것은 거의 불가능하기 때문이다."

변화와 혁신의 구루로 인정받는 존 코터 하버드대 교수의 일침입니다. 위기의식의 공유 없이 변화와 혁신을 추진하면 사람들은 시작부터 잘못되었다고 믿고 온갖 기발한 핑계를 대며 경영혁신에 협조하지 않으려 합니다. 사장이나 리더 앞에서는 따르는 척하지만 사적인 자리에서는 딴소리를 합니다. "불황만 지나가면 곧 좋아질 거야", "작년에도 했는데 또 하네. 역시 아무 성과 없이 적당히 하다가 그칠 거야"라며 보이지 않게 저항하는 경우를 많이 볼 수 있습니다.

사람들은 본능적으로 변화에 저항합니다. 특히 조직이 잘 꾸려지고 있을 때에는 변화의 필요성을 느끼지 못하고, 위기가 닥쳐야만 비로소 변화의 필요성을 느낍니다. 1997년 말 IMF 위기 상황을 생각하면 쉽게 이해할 수 있을 것입니다. 누구도 부인할 수 없는 경제위기에 처하자 너나없이 온 국민이 금 모으기에 발 벗고 나서는 등 우리는 전 세계가 놀랄 정도로 하나로 뭉친 모습을 보여줬고, 그 힘을 토대로 예상보다 훨씬 빨리 경제위기에서 벗어났습니다. 만약 전 국민이 위기를 현실로 체감하지 못했다면 상상할 수도 없는 일입니다. 물론 금 모으기라는 발상도 기발했지만, 모두가 엄청난 위기를 체감했기에 기적을 만들 수 있었던 것입니다.

위기 상황은 분명 기회이자 축복입니다. 특히 변화와 혁신을 추진하는 입장에서의 위기는 재앙이 아니라 하늘이 준 선물이라 할 수 있습니다. 또한 외부의 위기는 우리뿐만 아니라 동종업계 전반의 위기로 전파될 수 있으므로, 잘만 대처하면 상대적 경쟁우위를 가져다줄 수도 있습니다. 따라서 변화·혁신 리더는 위기를 반길 수 있어야 하며, 위기 상황을 기회로 반전시킬 수 있도록 미리 준비해야 합니다. 경우에 따라서는 없던 위기를 만들어야 할 필요도 있습니다.

위대한 리더들은 없던 위기도 만들어내곤 합니다. 이는 무능한 리더들이 이미 닥쳐온 위기조차 부정하는 것과는 대조적입니다.

이건희 삼성 회장이 대표적인 경우입니다. "마누라와 자식만 빼놓고 다 바꾸라"는 강한 어조로 취임 이후 줄곧 변화와 혁신을 주창해온 이건희 삼성 회장. 그는 불량품을 모아놓고 화형식을 진행하고, 불량품이 발견되면 누구나 라인을 멈출 수 있는 제도를 만들어 시행하는 등 과거에 안주하지 않고 직원들에게 강력한 변화와 혁신의 드라이브를 걸었습니다.

2002년 12월 어느 날, 전 삼성 계열사 사장단이 모여 이건희 회장의 취임 15년을 축하하는 행사가 열렸습니다. 모든 사람들은 취임 후 15년 만에 15조의 매출을 150조로, 수천억 원대의 이익을 15조 원으로 증대시킨 사장단의 노고에 대한 칭찬이 있을 것으로 기대했습니다. 그러나 이건희 회장은 기대와는 달리 "나는 앞으로 10년 후에 무슨 사업을 해서 그룹을 이끌어갈지 생각하면 등골이 오싹하고 밤에 잠을 잘 수 없다. 다리가 후들거리는 것이 한두 번이 아니다"라고 강하게 질책하면서, 위기의식을 갖고 변화와 혁신을 이끌 것을 지시했습니다. 위기의식을 상실한 조직은 숨을 멈춘 것이나 마찬가지입니다. 현재의 성공에 안주하지 않고, 구성원들이 항상 새로운 목표의식을 가지고 앞으로 나아가게끔 변화의 파도를 일으키는 리더가 진정한 변화와 혁신의 리더입니다.

코카콜라의 로베르토 고이주에타 전 회장 역시 없던 위기도 만들어낸 위대한 혁신 리더입니다. 1980년대 초 코카콜라는 미국 음료 시장의 35퍼센트를 차지했습니다. 코카콜라 직원들은 콜라 시장이 이미 성숙기에 접어들어서 더 성장하기는 어렵다고 생각했습니다. 고이주에타 회장은 이러한 생각을 바꿔야 한다고 강조했습니다. 그는 고위 임원회의에서 전 세계적으로 한 사람이 하루에 마시는 음료가 평균적으로 얼마나 되는지 물었습니다. 대답은 64온스(1온스는 약 28.35그램)였습니다. 그는 다시 한 사람이 하루에 마시는 코카콜라가 평균 얼마나 되냐고 물었습니다. 대답은 2온스였습니다. 끝으로 그는 코카콜라의 '위장 점유율Share of stomach'이 얼마나 되냐고 물었습니다. 미국 콜라 시장 혹은 세계 음료 시장에서 코카콜라의 점유율이 아닌, 전 세계 모든 사람이 하루에 먹는 전체 음식 중 코카콜라의 비율을 물은 것입니다. 물론 그 비율은 아주 미미했습니다. 코카콜라 직원들은 자신들의 적이 펩시라는 고정관념을 가지고 있었습니다. 이미 시장 점유율이 충분히 높았기에 더 이상 성장의 기회는 없다고 생각하고 안주했던 것입니다. 이제 이들의 적은 펩시가 아니라 커피, 우유, 물 등 모든 음료가 되었고, 이것이 코카콜라를 최고의 시장가치를 지닌 회사로 변화시킨 계기가 되었습니다. 리더가 조직에 위기의식을 불어넣어 변화를 이끈 대표적인 사례입니다.

안주하는 조직에 없는 위기를 만들어 변화를 유도한 사람 가운데에는 필립스의 회장도 있습니다. 필립스가 한창 승승장구하던 시절, 고위 임원들은 성공에 취해 전혀 변화할 생각을 못 하고 있었습니다. 위기의식을 느낀 회장은 어느 날 200여 명의 고위 임원을 강당에 불러 모아 필립스가 법정관리에 들어갔다는 신문기사를 보여줍니다. 당연히 일순간에 대소동이 일어났습니다. 그러나 그 신문기사는 가짜였습니다. 회장은 가짜 신문기사를 보여줌으로써 우리 회사도 망할 수 있다는 것을 임원들에게 알렸고, 임원들은 긴장감과 현실감을 갖게 되었습니다.

이처럼 변화와 혁신의 리더는 위기를 기회로 생각합니다. 그들은 없는 위기도 만들어 성공적인 변화를 이끕니다.

변화를 즐기는 조직 만들기

"대대적인 성공을 거둔 경우, 시장에서 최고 우위를 점하는 경우, 세상 사람들이 최고라고 멋지다고 감탄할 만한 근사한 제품을 만들었을 경우, 그때부터 사람들은 그 상태를 유지하려고만

애쓴다. 퇴화의 치명적 이유는 단순한 자기만족이다."

미국 EDS의 레스터 알버탈 전 회장은 성공하고 있는 기업의 자기만족을 경계하는 촌철살인을 남겼습니다. 델 컴퓨터의 마이클 델 회장도 "5초간 기뻐하고 5시간 반성하라"고 강조합니다. 그는 자기만족을 기업경영의 최대 적으로 간주합니다. 엄청난 판매 실적을 거둔 직원들에게도 칭찬은 짧게 하고, 향후 더 나은 판매법을 찾아보라고 독려합니다. 이 같은 분위기가 전 사업 부문으로 확산되면서 "5초간 승리를 기뻐한 뒤, 무엇을 더 잘할 수 있었는지 5시간 반성하라"는 슬로건까지 생겼다고 합니다. 그런가 하면 할리데이비슨의 리치 티어링크 전 회장은 "뭔가 이루었다고 생각한 바로 그날, 우리는 실패에 대한 걱정을 시작해야 한다"라며 자만을 경계하는 조직을 만들기 위해 노력했습니다.

인텔의 앤드류 그로브 전 회장은 1990년대 중반 《편집광만이 살아남는다》라는 책을 저술했습니다. 책을 보다가 당시로서는 생소했던 편집광이란 단어가 너무 멋져 보여서 사전을 찾아보았습니다. 그런데 "어떤 사물에 집착하여 상식적으로는 판단할 수 없는 행동을 예사로 하는 정신병을 말한다"라는 설명을 보고는 충격에 빠졌습니다. 정신병자, 미친 사람만이 살아남는 시대가 되었다니요. 그러나 이제는 그 깊은 뜻을 조금은 알 듯합니다. 다른 사람들은 조직이 잘나가면 그냥 해이해지는 것이 보통이지만, 조직이 너무 잘나가서 뭔가 불안해 미칠 것 같은 사람, 그런 편집광이 이끄는 조직이 오히려 오랫동안 생존할 가능성이 높다는 것을 알게 되었습니다.

조직이 잘나갈수록 구성원들이 긴장하고 불안해하는 조직, 그리고 변화와 혁신을 즐기는 조직을 만들 수만 있다면 급격한 환경 변화는 재앙이 아니라 축복이 될 것입니다.

혁신이라는 단어는 대체적으로 부정적 뉘앙스로 다가옵니다. 어쩐지 피하고 싶고, 수동적으로 끌려가거나 저항하게 되는, 그다지 즐겁지 않고 유쾌하지 않은 단어임에 틀림없습니다. 혁신은 피하고 싶지만, 지금은 변화하지 않으면 죽는 시대입니다. 이런 상황에서 우리는 어떤 자세를 취해야 할까요?

일단 실패를 두려워하지 않고 과감하게 도전하는 문화를 만들어야 합니다. 실리콘밸리에서는 '먼저, 작게 실패하라'라는 캐치프레이즈를 사용하는 회사가 많아지고 있습니다. 실패는 피해야 할 것이 아니며 도전하다 보면 당연히 생길 수 있는 일이라는 생각, 또는 성공을 위해서 실수는 많이 할수록 좋다는 인식을 갖도록 제도를 만든다면, 구성원들이 변화를 긍정적으로 수용할 가능성이 높습니다.

저희 휴넷에서도 가끔 외부 환경이 악화되어 비상경영을 실시할 때가 있습니다. 그럴 때는 아예 '전 사원이 함께하는 축제 같은 비상경영'이라고 이름을 짓고, 축제처럼 신나게 비상경영을 하자고 독려합니다. 모두가 나서서 매출 증대와 원가 절감을 하되, 그 내용을 수시로 공유하고 특별한 성과를 낸 조직에는 포상을 하기도 합니다. 회사의 핵심 가치에 어긋나는 것은 절대 하지 않습니다. 즉 당장은 비용을 절감하더라도 장기적인 투자는 해나갑니다. 직원의 행복과 고객의 행복이라는 회사의 핵심 가치, 그리고 정도경영과 윤리경영은 반드시 지키면서 비상경영에 임합니다. 심지어 비상경영의 비상非常이라는 한자를 비상飛上으로 병기하여 직원들에게 단순한 비용 절감이 아닌, 더 높이 날기 위한 캠페인임을 각인시킵니다.

또한 혁신을 즐기는 문화를 만들자는 취지에서 수년 전부터 매월 한 차례씩 30여 개 팀이 참여하는 '신나는 혁신 배틀'을 진행합니다. 지난 한 달 동안 팀에서 이룬 혁신 성과 가운데 대표적인 것을 골라 각 팀원이 매월 첫째 주 월요일 아침 8시에 열리는 혁신 배틀에서 발표하고, 참석자 전원이 점수를 매겨 1등을 가려내서 포상하는 것입니다. 그리고 연 누적으로 평가해서 1등을 한 팀은 해외여행을 보내줍니다.

우선 혁신이라는 단어 앞에 '신나는'이라는 형용사를 붙였습니다. 자주 듣고 게임에 참여하다 보면 혁신이라는 단어를 부정적인 것에서 긍정적인 것으로 인식하는 날이 오리라고 생각했습니다. 또한 직원들이 재미있게 경쟁하고 참여하게끔 혁신 경진 대회의 이름을 배틀battle이라고 불러 게임의 요소를 가미했습니다. 1년에 한 번 찬스를 쓰게 만들어, 찬스를 사용했을 때 5위 안에 들면 더블 점수를 주기도 합니다. 점수 차가 벌어져 중간에 의욕을 잃지 않게끔 하위 팀에 세 배의 점수를 부여하는 역전 찬스를 주기도 합니다. 이런 대회를 수년째 계속하다 보니 직원들이 혁신을 생각하고 받아들이는 자세도 달라졌습니다. 혁신이 갖던 부정적 뉘앙스, 즉 끌려가고 회피하고 싶은 느낌 대신 즐겁고, 신나고, 적극 참여하고 싶어 하는 자세로 바뀌어 나갑니다. '신나는 혁신 배틀'이라고 네이밍을 하면서 일부러 '신나는'이라는 단어를 넣은 목적이 달성되고 있습니다.

이렇게 변화와 혁신을 즐기는 조직, 잘되고 있을 때에도 구성원 모두가 불안감을 느끼는 조직을 만든다면 어떤 위기 속에서도 흔들리지 않고, 오히려 위기를 기회 삼아 더욱 성장하는 영속 가능한 조직을 만들 수 있습니다.

전략적 폐기를
생활화하라

'당신의 경쟁사가 당신 회사를 쓸모없게 하는 것보다 당신 회사가 스스로 자신을 쓸모없게 만드는 것이 비용이 덜 들고 이익이 더 크다.' 대단히 큰 가르침을 주는 피터 드러커 교수의 이야기입니다. '3년에 한 번씩은 모든 관행을 재검토하고, 그것을 더 잘하기 위해 노력할 것이 아니라 상황에 적합하지 않은 모든 것은 전략적으로 폐기해야 한다'는 드러커의 말을 실천할 수 있는 기업, 즉 자신을 파괴할 줄 아는 아픔을 견딜 수 있는 조직만이 오랫동안 번성할 수 있습니다. 빌 게이츠 역시 다음과 같이 유사한 맥락의 이야기를 하고 있습니다.

'시장에서 자사 제품이 2~3년 이내에 구식 제품이 될 것이며, 이는 자신들에 의해서 혹은 다른 기업 누군가에 의해서 그렇게 될 것인가의 문제일 뿐이다.'

기업이 도태되는 데에는 이유가 있습니다. 무조건 계승하고 지속하는 것만이 능사는 아닙니다. 지속이나 혁신을 논하기 전에 먼저 '낡은 생각'을 철저하게 떨쳐내야 합니다. 자신을 파괴할 줄 아는 아픔을 견딜 수 있는 조직이 오래 번성합니다.

전략적 폐기의 필요성을 강조할 때 제가 자주 드는 예화가 있습니다. 비스마르크 재상이 유럽의 어느 왕국에 방문했을 때의 이야기입니다. 아무도 없는 정원 한가운데를 여러 명의 근위병들이 돌아가면서 하루 종일 보초를 서고 있었습니다. 이상하게 여긴 비스마르크 재상은 아무것도 없는 풀밭을 왜 돌아가면서 보초를 서느냐고 물었습니다. 그런데 아무도 그 이유를 말하지 못했습니다. 왜 보초를 서는지도 모르고 관행적으로 계속 서고 있었던 것이지요. 궁금증을 참지 못한 재상은 한참 동안 알아본 끝에 결국 그 이유를 찾아냈습니다. 80여 년 전에 잔디밭에 예쁜 장미꽃 몇 송이가 피었고, 그 아름다움에 감탄한 왕비가 장미꽃이 다치지 않게 보초를 세웠던 것입니다. 세월이 오래 지나 장미꽃은 시들고, 왕비조차 세상을 떠났지만 아무도 묻지 않고 관행적으로 수십 년간 보초를 서온 것입니다. 극단적인 예라고 무시해버리기에는 뭔가 찜찜합니다. 오늘날 우리의 회사나 조직에는 과연 그런 일이 전혀 없을까요?

시작에는 분명 이유가 있었을 것입니다. 그러나 시간이 지나고 환경이 변화하면서 의미가 없어지거나 불필요해진 것들이 있을 수 있습니다. 제품이든 솔루션이든, 어떤 제도나 시스템, 문화 속에도 아무도 책임지지 않고 묻지도 않고 과거에 해온 관행대로 계속하고 있는 것들이 분명 많을 것입니다. 피터 드러커가 지적한 것도 바로 그것입니다. 그래서 3년에 한 번씩은 아예 모든 제도와 시스템, 상품과 솔루션을 하나씩 책상 위에 올려놓고 과연 지금도 그것이 필요한지 하나씩 검증해서 의미가 없어진 것들은 전부 전략적으로 폐기하라는 것입니다. 제도 하나하나, 상품과 사업 하나하나를 꼼꼼히 따져보아서 더는 필요하지 않다면 과감하게 폐기해야 합니다.

법을 만들 때도 마찬가지입니다. 각종 규제를 만들 때에는 분명 그럴 이유가 있어서 만듭니다. 그러나 시간이 흘러서 그 규제의 긍정적인 기능보다는 부정적인 기능이 커질 수도 있습니다. 그러나 아무도 일부러 그런 법률을 찾아 폐기하는 노력을 기울이지 않습니다. 이런 문제를 방지하려는 제도가 법률 일몰제입니다. 애초에 법을 만들 때 유효기간을 3년이면 3년, 5년이면 5년이라고 정해놓고, 그 시한이 지나면 자동으로 폐기하자는 취지입니다.

기업도 마찬가지입니다. 모든 제도와 시스템에 일몰제를 도입할 필요가 있습니다. 그러지 않으면 이미 유효기간이 지난 것들이 버젓이 살아 움직이며 생산성과 효율성을 저해하고 경쟁력을 떨어뜨릴 수 있습니다.

필요 없는 것들이 계속 살아 있을 때에는 막대한 기회비용이 발생합니다. 모든 조직의 자원은 유한한데, 그 아까운 자원을 불필요한 일에 쓴다면 정작 필요한 곳에 자원을 투입하기가 불가능해집니다. 그래서 일정 주기를 가지고 전략적으로 폐기하는 일이 필요합니다. 전략적 폐기를 통해 생긴 여유 자원을 미래를 위한 투자에 투입할 수 있습니다.

저희 휴넷에서는 매년 12월경에 전사적으로 모든 제품과 솔루션, 제도와 시스템, 문화와 행사, 업무관행들을 대상으로 전략적 폐기를 정례화하고 있습니다. 이를 통해 불필요한 것들을 찾아서 폐기하는 효과도 물론 크지만, 그렇게 함으로써 불필요한 것들이 없는지 찬찬히 살피고, 의미가 없는 것은 언제든 폐기해야 한다는 것을 주지시키는 부수적인 효과도 거둘 수 있습니다. 이처럼 최소 1년에 한 번씩은 '전략적 폐기 주간'을 정해서 불필요한 모든 것을 청소해낼 수 있다면 생산적이고 강한 조직, 변화를 즐기는 조직을 만들 수 있습니다.

위기관리 영역

다음은 리먼 브러더스 사태로 촉발된 2008년 글로벌 금융위기 당시를 묘사한 글이다.

위대한 경영자는 말한다. 위기야 반갑다!

중국 전국시대에 전쟁으로 금값이 폭등하고 곡식 값이 폭락했을 때, 금과 패물 등을 사들이는 사람들과는 정반대로 곡식을 사들이는 이가 있었다. 전쟁이 장기화하면서 식량 부족 현상이 나타났다. 양곡 값이 폭등하고 금값이 하락하면서 그는 거대한 부를 축적했다. 이에 한고조 유방이 그를 불러 부의 축적 방법에 대해 물었다. 그는 "사람들은 누구나 비슷한 생각을 하는데 저는 사람들과 다르게 생각합니다. 저는 그것을 역발상이라고 합니다"라고 말했다.

전 세계적 경기침체가 현실이 되었다. 그러나 드러난 악재는 더 이상 악재가 아니다. 존 F. 케네디 전 미국 대통령은 "동양에서는

crisis를 위기危機라고 쓴다. '위危'는 위험을 뜻하고 '기機'는 기회를 뜻한다. 위기 상황이 오면 위험을 예측하는 동시에 기회를 살펴야 한다는 뜻이다"라고 말한 적이 있다.

궁즉통窮卽通이라 했다. 또한 이환위리以患爲利라는 사자성어도 있다. 리더에 대한 기대감은 위기 국면에서 고조된다. 많은 위대한 리더는 위기를 틈타 영웅으로 거듭난다. 그런 점에서 위기는 경영자에게 회피의 대상이 아니라, 자신의 존재 가치를 알릴 수 있는 절호의 기회다. 위기는 보통의 경영자와 탁월한 경영자를 가려내는 리트머스 시험지다.

불황과 경기침체가 선사하는 기회는 구체적으로 다음과 같다. 첫째, 경제위기는 현대 조직에 절대적으로 필요한 위기의식을 높여준다. "역사적인 성공의 절반은 죽을지도 모른다는 위기의식에서 비롯되었다. 반면 그리스, 로마 등 천년만년 영광을 누릴 줄 알았던 강대국들이 얼마 못 가서 망한 원인은 천재지변이나 외부 침략이 아닌 교만과 안이 때문이었다"라는 아놀드 토인비의 지적을 빌리지 않더라도 우리는 환경 변화에 둔감하여 방심하다가 사라져간 수많은 기업을 잘 알고 있다. 따라서 잘나가는 기업일수록 좌불안석하는 거안사위居安思危형 조직을 만드는 것이 필요하다.

한편 변화 혁신 분야의 대가인 존 코터 하버드 경영대학원 교수는 "조직 혁신을 시도하려 할 때 우리가 범하는 가장 큰 실수는 동료 경영진이나 직원들에게 충분한 위기의식을 불어넣기도 전에 혁신을 시작해버리는 것이다. 이런 실수를 범하는 것은 매우 치명적인데, 자만심과 무사안일이 팽배한 조직에서 경영혁신의 목적을 달성하는 것은 거의 불가능하기 때문이다"라고 말한 바 있다. 급변하는 환경 속에서 변화하지 않는 조직은 더 이상 살아남을 수 없는데도, 인간은 본능적으로 변화를 싫어하기에 변화 혁신을 위해서는 조직에 없는 위기라도 만들어야 한다. 그런데 고맙게도 경기침체는 최고경영자가 특별한 공을 들이지 않고도 조직 전체를 위기의식에 몰아넣어 과감한 혁신을 시도할 수 있는 장을 마련해줌으로써 평상시에는 손도 못 델 여러 가지 혁신적인 조치들을 비교적 쉽게 해낼 수 있게 한다.

둘째, 경기침체는 투자 리스크를 줄일 수 있는 절호의 기회를 제공해준다. 겨울이라 해도 봄은 반드시 온다. 경기는 늘 호황과 불황의 연속이다. 가장 비관적인 상황, 모두가 투자를 꺼리는 불경기에 투자하는 기업이 호황이 닥쳤을 때 큰 성공을 거두게 된다. 청쿵 그룹의 리카싱 회장은 "다른 사람들이 물러날 때 나는 나아가고, 다른 사람이 얻으려 할 때 포기한다人退我進 人取我棄. 실제로 나는 경기불황으로 부동산 가격이 폭락할 때 매입에 나섰으며 경기가 좋아지자 이를 팔아 M&A에 나섰다"라고 말한다.

자고로 투자는 불황기에 하는 것이다. M&A도 마찬가지다. 호황기에 높은 값을 치르고 인수한 기업들은 나중에 큰 위험에 처하는 경우가 많고, 반대로 불황기에는 인수가격도 크게 떨어지므로 상대적으로 낮은 가격에 좋은 매물을 확보할 수 있는 기회가 많아진다.

셋째, 불황은 내부 결속과 체질 개선의 기회를 가져다준다. 물론 불황기에는 직원들의 사기저하가 나타나기도 한다. 그러나 경영자가 하기에 따라서 오히려 외부 환경의 악화는 내부 직원의 결속을 가져오기도 한다. 기업이 살아야 종업원도 산다는 인식을 같이할 수 있기 때문이다. 내부 결속을 통해 불황기를 오히려 경쟁사 대비 강한 체질 개선의 기회로 삼을 수도 있다. 최근 한 경제연구소 조사에서 우리나라 CEO들이 불황 극복에 도움이 되는 사자성어로 '어미닭은 밖에서, 병아리는 안에서 알껍데기를 함께 쪼아야 부화가 된다'라는 '줄탁동시'를 꼽은 것은 그런 점에서 매우 의미심장하다.

한 가지 유념해야 할 것이 있다. 불황기의 파고를 넘기 위해 장기적 성장 동력을 좀먹는 일은 반드시 피해야 한다는 점이다. 즉 회사의 비전과 핵심 가치 준수, 정도경영, 종업원들과의 신뢰 및 고객과의 약속, 교육과 핵심 인재에 대한 투자, 브랜드와 품질 같은 무형자산에 대한 투자 등은 아무리 불황기라도 반드시 지켜낼 수 있는 뚝심을 보여줄 수 있어야 한다. "경영자는 교육예산을 두 배로 늘려야 한다. 불황기에는 이를 네 배로 늘려야 한다"라는 톰 피터스의 지적을 결코 가벼이 보아 넘겨서는 안 된다. 과거에도 그랬듯이 이번 경기침체기가 끝나는 시점에서 많은 경영자가 영웅으로 떠오를 것으로 믿는다. 미래의 영웅들에게 기대와 함께 격려의 박수를 보낸다.

문제 ✎

다음 중 위 지문의 내용으로 옳지 않은 것은?

① 위기는 내부 직원을 하나로 모으고, 조직의 체질을 개선한다.

② 불황기에는 교육예산을 늘려야 한다.

③ 위기는 피할 수 있을 때 피해야 한다.

④ 잘나가는 기업일수록 거안사위居安思危형 조직을 만들어야 한다.

⑤ 경영자는 위기에서 기회를 살펴야 한다.

정답은 ③이다. 《정관정요》로 유명한 당 태종은 건국 초기 나라가 안정되자 책사 위징에게 지금 중요한 것이 뭔지 묻는다. 그러자 위징은 이렇게 답한다.

"보통의 황제는 나라가 위기에 빠졌을 때는 뛰어난 인재를 등용하여 그 의견에 귀를 기울이지만, 나라의 기반이 튼튼해진 후에는 마음이 해이해집니다. 그러나 성인은 안전함 가운데 있을 때 위태로운 경우를 생각합니다. 나라가 태평할 때에야말로 한층 더 마음을 긴장시켜 정치에 임하지 않으면 안 됩니다."

잘나갈 때일수록 위기를 생각해 대비하라는 거안사위는 급격한 변화의 시기를 살아가는 모든 조직, 모든 리더가 반드시 새겨야 할 경구다.

평상시에 긴장을 유지하던 조직도 지속적으로 높은 성과가 창출되고 조직이 안정되면 자연스럽게 긴장을 놓게 된다. 그게 인간의 본성이자 역사의 이치다. 그래서 '잘나갈 때 조심하라', '자만심을 경계하라'라는 경고는 너무 당연하다. 그러나 뻔히 알면서도 잘 지켜지지 않는다. 그래서 역설적으로 더욱더 경계해야 한다.

'천하수안 망전필위天下雖安 忘戰必危'라는 말에서도 위와 같은 조상의 지혜를 엿볼 수 있다. 이는 '천하가 비록 편안하더라도 전쟁을 잊으면 반드시 위태로워진다'라는 뜻으로, '쇠衰'할 때는 전의를 가다듬지만 '흥興'할 때는 전쟁을 잘 잊어버려서 위태로움을 불러오는 역사적 경험에서 비롯되었다.

CHAPTER 4

무엇이 팀원을
행동하게 만드는가

사람들을 신뢰하라.

그러면 그들은 당신에게 충실할 것이다.

사람들을 위대한 사람으로 대하라.

그러면 그들은 위대함을 보여줄 것이다.

| 랄프 왈도 에머슨(미국 사상가) |

저는 일중독에 걸린 사람입니다. 일이 없으면 좌불안석하며 늘 새로운 일을 만듭니다. 최소 한두 주의 스케줄은 미리 짜놓아야 마음이 편안해집니다. 그런 제가 불편함을 느끼는 주제가 하나 있습니다. 바로 똑게, 멍부 이야기입니다. 우스개 삼아 똑똑하고 부지런한 사람을 똑부라 하고, 똑똑하지만 게으른 사람을 일컬어 똑게, 멍청하고 부지런한 사람을 멍부, 멍청하고 게으른 사람을 멍게라고 칭한다고 하지요? 그런데 많은 사람이 말하기를, 리더는 똑부가 아니라 똑게여야 한다고 합니다. 일중독에 걸린 저로서는 일견 동의하면서도 불편한 마음이 들었던 게 사실입니다. 그런데 권오현 삼성전자 회장의 저서 《초격차》를 읽고 나서 마음이 편해졌습니다. 권 회장은 대기업의 경우는 시스템이 잘 잡혀 있고 일을 잘하는 임원이나 직원들도 많으니 사장이 똑게인 것이 더 좋지만, 스타트업이나 중소기업의 경우에는 아직 시스템도 부족하고 인력도 부족하니 똑게보다는 똑부형 리더가 필요하다고 이야기합니다.

직장에 다니는 사람은 당연히 최고의 성과를 내야 합니다. 성과를 내지 못하면 직장 내에서 자신의 존재 가치를 찾을 수 없습니다. 다만 일반 직원이 스스로 일을 열심히 잘해서 성과를 내야 한다면, 리더는 본인이 잘하기보다 구성원들이 잘하게끔 이끌어서 성과를 내야 한다는 차이가 있습니다.

똑게보다 똑부 리더십

직원들이 뒤에서 사장을 '김 대리, 박 대리'라고 수군대면서 흉을 보는 경우가 적지 않습니다. 직원들에게 맡겨도 될 일을 직접 하려고 들기 때문입니다. 왜 리더들은 자신이 하는 일을 과감하게 팀원들에게 위임하지 못할까요? 거기에는 여러 가지 이유가 있을 것입니다. 우선 이제 막 리더가 되었다면 이전에 본인이 하던 일이기 때문에 습관적으로 계속하는 경우일 수 있습니다. 일반 직원의 역할과 리더의 역할에 대해 제대로 배우고 깨우치지 못해서 그냥 과거에 하던 방식으로 본인이 직접 하는 것입니다.

그다음으로 무질서에 대한 두려움과 팀원에 대한 신뢰 부족을 들수 있습니다. 팀원에게 일을 맡기면 자신이 직접 하는 것보다 잘해내지 못할 것이라고 의심하고, 일이 잘못될까 두려워서 믿고 맡기지 못하는 경우가 많습니다.

어떻게 맡기고 어떻게 피드백을 해야 할지 몰라서 모든 업무를 움켜쥐고 있는 리더들도 많습니다. 맡기고 관리하는 것이 성가시고 익숙하지 않아서 그냥 직접 해버리는 것입니다. 또한 많은 리더는 본인이 하던 일을 팀원에게 넘기면 실무에서 손을 떼게 되어 현장에서 멀어지거나 정보가 넘어가게 된다고 생각하여 권한을 위임하기를 주저합니다. 업무를 위임하면 성과에 대한 공도 팀원에게 넘어가기에, 본인이 가진 파워를 빼앗긴다고 생각해서 일을 움켜쥐고 놓지 않으려 하기도 합니다. 자신의 일이 없어진다는 두려움도 큽니다.

임파워먼트, 말은 쉬운데 실제로는 어렵습니다. 그렇다면 왜 팀원에게 적극적으로 업무를 위임해야 할까요?

첫째, 그것이 바로 리더의 일이기 때문입니다. 리더가 일을 잘한다는 것은 본인이 일을 직접 맡아서 성과를 낸다는 뜻이 아닙니다. 팀원에게 맡겨서 팀원들이 일을 잘하게 만든다는 뜻입니다. 리더는 그런 팀원들을 선발하고 육성하고, 업무를 맡기고 코치하고, 동기를 부여하면서 조직 전체의 성과를 내는 것이 본연의 역할입니다. 본인이 직접 어떤 일을 맡아서 그 일을 잘 해낸다면 일선 담당자로서는 훌륭하다고 하겠지만 리더로서는 본인의 역할도 제대로 모르는 무능한 리더라고 할 수 있습니다.

빌 게이츠는 "다음 세기에는 다른 이들에게 권한을 위임하는 사람들이 리더가 될 것이다"라고 정확하게 임파워먼트 리더의 정의를 내리고 있습니다.

"가장 훌륭한 지도자는 가장 유능한 사람들을 뽑아 주위에 두고, 그들에게 자기가 이루고자 하는 것을 말해주고, 그들이 그 일을 하게끔 자리를 비켜주는 사람이다."

테디 루스벨트 전 미국 대통령 역시 위와 같이 임파워먼트 리더의 핵심을 정확하게 이야기했습니다.

두 번째로 환경 변화를 들 수 있습니다. 요즘은 그 어느 때보다 모든 것이 급속히 변화하고 있습니다. 현장에 있는 구성원들에게 책임과 권한이 주어지지 않으면 즉각적인 대응이 불가능해지고, 조직이 위험에 빠질 가능성이 점점 더 커지고 있습니다.

1980년대 후반에 제가 대기업에 들어갔을 때는 놀랍게도 신입사원부터 그룹 회장까지 결재 단계가 최대 11단계에 이르는 경우도 있었습니다. 최초 기안이 최고 의사결정권자의 승인을 얻는 데 길게는 6개월까지 걸리는 일도 다반사였습니다. 우스갯소리로 회장님의 결재가 다시 원래 기안자까지 내려오는 데에도 3개월 이상이 소요된다고 했던 기억이 납니다. 당시는 환경 변화가 크지 않았고, 최종 결정자의 정확한 판단 하나가 조직의 운명을 결정할 수 있을 정도로 중요했기에 충분히 이해할 수 있었던 일입니다. 그러나 요즘은 빛의 속도로 모든 것이 변화하기에, 예전처럼 모든 권한이 조직의 최상부에 집중된다면 그 조직은 결코 시장에서 살아남을 수 없습니다. 이제 웬만한 결정은 고객과 접하는 현장 직원들이 직접 판단할 수 있게 해야 합니다.

세 번째로 조직의 존재 이유를 살펴보면 답을 찾을 수 있습니다. 요즘은 많은 기업이 위계조직을 벗어나 수평조직으로 서서히 이행하고 있습니다. 그러나 아무리 수평조직이라 하더라도 최고 의사결정자는 있게 마련이고, 중간 리더 역시 존재합니다. 결국 현장 직원은 현장 직원으로서의 일이 있고, 중간관리자는 중간관리자로서 해야 할 고유한 역할이 존재한다는 것입니다. 마이클 델 회장은 사람들을 승진시키는 이유는 더 많은 일을 하라고 하는 것이 아니라 일을 덜 하라는 것이라고 말합니다. 여기서 일을 덜 한다는 것은 실무자로서의 일을 내려놓으라는 이야기입니다. 물론 실무자의 일을 내려놓고 그저 손을 놓고 있으라는 뜻은 아닙니다. 일단 일을 최대한 믿고 맡기면 리더에게는 그만큼 시간 여유가 생깁니다. 그 시간을 자신이 아니면 할 수 없는 일, 더욱 크고 중요한 일, 리더에게 맡겨진 고유한 일에 쏟을 수 있어야 합니다. 전략을 구상하거나, 팀원에게 적절히 피드백을 하거나, 코칭과 육성에 전념한다거나, 타 부서와의 관계를 조율해서 일을 더 잘하게 한다거나 하는 일들을 적극 찾아 나서라는 뜻입니다. 그렇게 해서 작은 일에서 자신이 직접 성과를 내는 것이 아니라, 자신이 맡은 조직 전체의 성과를 극대화하게끔 여유 시간을 써야 합니다.

권한 위임과 임파워먼트는 다르다

흔히들 권한 위양이나 권한 위임을 임파워먼트와 같은 개념이라고 생각하곤 합니다. 그러나 이 둘은 명백히 다른 개념입니다. 영어로 권한 위임은 delegation이라는 단어를 씁니다. empowerment와는 전혀 다른 단어입니다.

위임이란 자신이 가진 권한을 아랫사람에게 넘겨주는 것입니다. 따라서 전체 파워의 총량에는 변화가 없습니다. 반면 임파워먼트는 파워를 키워준다는 뜻입니다. 조직 전체의 파워가 커진다는 점에서 근본적 차이가 있습니다. 예를 들어 1,000만 원 이하의 전결권을 임원에게 넘긴다면 사장이 가진 권한이 임원에게 넘어갈 뿐 전체 조직의 파워는 변동이 없습니다.

그렇다면 임파워먼트, 즉 조직 전체의 파워가 커지려면 어떻게 해야 할까요?

첫째, 단순히 권한 위임에서 그치지 않고 자율권을 부여하면 됩니다. 사람들은 자율권이 부여될 때, 즉 자신이 통제권을 갖고 있다고 생각할 때 더 열심히 노력합니다. 주인의식이 생겨서 책임감도 강해지고, 없던 일도 만들어서 하게 됩니다. 자신감도 더 강해지고 역경도 더 빠르게 극복해냅니다. 구성원 개개인에게 자율권을 주게 되면 결국 조직 전체의 파워가 커지고, 조직은 더 큰 성과를 낼 수 있게 됩니다.

둘째, 구성원의 육성에 더 많은 노력과 투자를 하면 됩니다. 리더가 업무를 넘기고 남는 시간에 구성원을 코칭하고 육성하여 해당 일을 더 잘하게 돕고, 그들의 역량을 향상시키는 데 더 많이 투자하면 결과적으로 직원들의 역량이 커집니다. 교육을 많이 시킬수록 역량이 향상될 뿐만 아니라 자신감도 생겨, 보다 적극적이고 공격적으로 업무를 추진합니다. 업무 몰입도도 높아지고, 더

불어 조직에 대한 충성도도 커집니다. 당연히 조직 전체의 파워가 커지고 성과도 높아지게 됩니다.

셋째, 직원들이 현장에서 업무를 더 잘하게끔 물적·정신적 지원을 아끼지 말아야 합니다. 어려운 일에 처해 있으면 직접 나서서 해결해주고, 타 부서와 갈등 관계에 있으면 직접 나서서 해당 부서의 리더와 만나 조직 전체적 관점에서 문제를 해결해주어야 합니다. 필요시에는 회사를 설득해서 적절한 예산을 받아 투자를 해주는 것도 하나의 방법입니다.

이와 같이 단순히 자신이 가진 권한을 하부로 위양하는 것을 넘어서 조직 전체, 구성원 하나하나의 파워를 극대화시킨다는 생각으로 임해야 진정한 의미의 임파워먼트 리더라 할 수 있습니다. 물론 현장에서 일을 직접 맡겨보면 답답한 일도 많을 것입니다. 참지 못하고 직접 나서서 해결하고 싶은 생각도 간절할 것입니다. 리더들은 그만큼 숙달된 인력이기 때문에 직접 맡아서 하면 분명히 더 빠르게 더 잘할 수 있겠지요. 당연한 일입니다. 그러나 그럴 때일수록 한발 물러나서 신중하게 생각해야 합니다. 자신이 왜 리더인지, 리더로서 정말로 해야 할 일이 무엇인지 곰곰이 생각하고 신중하게 행동해야 합니다.

내가 하던 일을 다른 사람들이 숙달되게 해야, 즉 내가 지금 하는 일을 팀원들이 할 수 있을 때, 나는 현재의 직급에서 할 일이 없어집니다. 놀랍게도 내가 현 직급에서 할 일이 없어진다는 것은 긍정적인 의미를 갖고 있습니다. 그것은 곧 내가 승진을 할 때가 되었다는 것과 같습니다.

이처럼 아랫사람들을 키워주고 도와주고, 주인의식을 심어주면 조직의 파워가 조금씩 커집니다. 조직의 파워가 커짐으로써 고성과를 내는 조직으로 바뀌어가는 것은 당연한 일입니다. 그러나 임파워먼트를 통해서 조직의 파워가 커지는 가장 큰 이유는 바로 본인이 직접 할 일을 구성원에게 넘기고 시간적 여유를 만들어낸 리더가, 더 크고 중요한 일에 집중할 수 있다는 데 있습니다. 리더가 어디에 시간과 관심을 쏟느냐에 따라 조직의 성과는 달라집니다.

단순하게 계산해볼까요? 리더가 팀원들이 충분히 할 수 있는 일을 본인이 직접 해서 하루 100만 원의 성과를 창출하는 대신, 그 시간을 조직의 미래를 설계하고 전략을 짜는 데 써서 핵심적인 통찰이나 신사업 기회를 찾아낸다면 수억, 수십억 원의 가치를 창출할 수도 있습니다. 여기에 임파워먼트의 진정한 묘미가 있습니다. 일단 자신이 직접 하지 않아도 될 일은 최대한 믿고 맡기고, 가능한 한 자유시간을 확보한 뒤 조직에서 현재 가장 시급하고 중요한 일, 조직의 미래에 가장 중요한 일을 찾아 그 일을 직접 하는 것이 진정한 의미의 임파워먼트 리더가 집중해서 해야 할 일입니다.

리더는 다른 사람들이 할 수 있는 일을 본인이 직접 해서는 안 됩니다. 아무도 할 수 없는 일만 찾아서 하고 나머지는 팀원들이 스스로 알아서 결정하고 일하게 해야 합니다. 그러나 한 가지 유념할 것이 있습니다. 팀원들이 의사결정한 것은 가능하면 리더의 의사결정과 일치할 수 있어야 합니다. 그렇게 하기 위해서는 교육과 코칭도 물론 필요하지만 전사 차원에서 의사결정의 핵심 원칙을 정하고 공유하는 것이 중요합니다. 트루먼 미국 전 대통령의 방에는 'All bucks stops here!'이라는 문구가 씌어 있었다고 합니다. 핵무기 사용권을 가진 대통령이 미국 국민은 물론이고 전 세계의 운명이 결정될 정도의 중요한 의사결정을 책임지고 수행한다는, 책임감의 표시라 할 수 있습니다. 임파워먼트가 제대로 이뤄진 조직에서는 조직의 가장 아래에 있는 직원들도 이와 같은 책임감을 갖고 의사결정을 할 수 있게 해야 합니다.

저는 임원이나 팀장 등 리더뿐만 아니라 모든 직원이 현장에서 직접 의사결정을 할 수 있게 가급적이면 권한을 위임하되 의사결정에 참조할 룰을 만들어서 공유하고자 애를 씁니다. 직원 모두가 의사결정을 할 때, 1) 이 건이 우리의 핵심 가치에 부합하는가? 2) 실용적인가? 3) 과학적이고 합리적인 의사결정인가? 이 세 가지 룰에 부합한다면 자신감을 가지고 스스로 결정을 내린 뒤 진행하라고 합니다. 최종 책임은 물론 사장이 진다고 이야기하지요. 그래야 자신감을 갖고 의사결정을 할 수 있기 때문입니다.

처음에는 다소 마음에 차지 않더라도 맡기고 코칭하다 보면 어느 순간 직원들이 한 결정이 리더인 제가 직접 내린 결정과 비슷해지는 때가 옵니다. 그때까지는 개입하고 싶더라도 꾹 참고 기다리고 인내할 수 있어야 합니다.

어디까지
믿고 맡길 것인가?

몇 년 전의 이야기입니다. 코스닥 상장사의 회장님 한 분이 식사에 초대해서 점심을 같이 먹었습니다. 수년 전에 휴넷 MBA를 수강했던 분입니다. 그런데 그분이 다짜고짜 "조 사장이 임파워먼트를 강조해서 지난 3년 동안 본부장들에게 사업을 다 맡겼다가 최근에 뭔가 이상해서 자세히 들여다보았더니 회사가 크게 망

가졌더라. 그래서 다시 현업에 뛰어들어 하나하나 직접 챙기고 있다"라고 따지듯 말씀하셨습니다. 직접적인 표현만 없었을 뿐이지, 마치 제가 임파워먼트라는 잘못된 신앙을 심어줘서 회사가 나빠졌으니 책임을 지라는 듯한 추궁에 가까웠습니다.

뭐가 잘못되었을지 진지하게 생각해보았습니다. 그리고 어떤 일이든 이상과 현실 사이에는 엄연한 갭이 존재한다는 사실도 다시 한번 깨달았습니다.

"관리란 비둘기를 손으로 잡고 있는 것만큼이나 아슬아슬하다. 지나치게 꽉 잡으면 새는 죽을 것이고, 너무 살살 잡으면 새는 날아갈 것이다."

미국의 야구감독 토미 라소다의 말입니다. 임파워먼트의 현실적 어려움을 토로하는, 매우 공감 가는 메시지입니다.

그동안 고민했던 임파워먼트의 이상과 현실 사이의 갭, 그리고 실용적 팁 세 가지를 간략히 소개하겠습니다.

첫째, 무조건적인 임파워먼트가 아니라 상황에 맞게 적절히 대응합니다. 어떤 상황에도 들어맞는 리더십 스타일은 존재하지 않습니다. 임파워먼트 리더십 개념도 마찬가지입니다. 임파워먼트 리더십 그 자체는 매우 바람직한 이상적 모델임에 틀림없습니다. 그러나 그 개념을 무조건 신봉하고 맹목적으로 따라 하는 것은 위험하기 짝이 없습니다.

특히 리더는 항상 큰 그림만 보고 작은 일이나 세세한 일은 무조건 현장에 맡겨야 된다는 말만큼 무책임한 것은 없습니다. 리더는 큰 그림을 보는 동시에 현장도 세세하게 파악하고 있어야 합니다. 악마는 디테일에 있다고 하지요. 세세한 일이 쌓여서 큰일이 되는 것입니다. 리더는 필수적으로 세세하게 현장을 꿰뚫고 있어야 하며, 언제 얼마만큼 개입하느냐는 그의 선택과 판단에 달려 있습니다.

외부 환경의 변화와 안정 정도, 즉 상황이 급박하게 돌아가는가, 아니면 평상시처럼 안정적으로 돌아가는가에 따라서 리더의 개입 시기와 정도, 즉 믿고 맡기는 정도가 달라지고 구성원이 그 업무를 감당할 역량이 되느냐 안 되느냐를 판단해서 완전 자율에 맡길 것인지, 코칭을 할 것인지, 아니면 직접 나서서 문제를 해결할 것인지를 결정하는 것이 현실적 접근 방법입니다. 다시 한번 강조하지만 임파워먼트 리더십의 이상에 빠져서 현실을 도외시하고 무조건적으로 일을 맡긴다면 제대로 된 효과를 보기보다는 위 코스닥 회사의 사례처럼 부작용이 더 크게 나타날 수 있음을 명심해야 합니다.

둘째, 기본적으로 업무를 맡기되 개입할 시점을 미리 정해놓습니다. 임파워먼트가 가진 여러 장점 중 하나는 팀원들의 역량을 키워준다는 것입니다. 특정 업무를 충분히 해낼 것이라는 확신이 있을 때는 당연히 리더가 그 일을 직접 하지 않고 팀원이 하게 해야 합니다. 위임할 수 있는 업무는 절대로 직접 하지 않는다는 원칙이 필요합니다. 그런데 가끔은 현재 팀원의 역량으로는 제대로 수행해내기 어려운 일도 있습니다. 팀원을 키우는 가장 좋은 방법은 그들이 지금의 역량으로는 감내하기에 조금 어려운 일을 맡기는 것입니다. 직원들은 그런 문제들을 해결하면서 주인의식도 갖게 되고, 업무 몰입도도 높아지며, 무엇보다도 역량과 스킬이 향상됩니다. 자신감도 커지게 되지요.

물론 팀원이 스스로 해결할 수 있으면 문제가 없겠지만 제대로 수행하지 못해서 실패로 돌아갈 수도 있습니다. 이때가 고비입니다. 분명히 이대로 놔두면 실패할 것 같기에, 리더는 개입할지 말지 고민에 빠지게 됩니다. 그래서 저는 일종의 실패 허용치를 직급별로 미리 설정해둡니다. 예를 들어 팀장급이라면 일이 잘 안 될 경우 1억 원까지는 손해를 보더라도 감수하겠다고 미리 선을 정해놓습니다.

조금 더 구체적으로 이야기해보겠습니다. 마케팅 팀장이 어떤 이벤트를 하는데 비용이 1억 원 정도 들어갈 것이라고 보고합니다. 들어보니 개념이 좀 이상하고, 잘 안 될 것 같은 생각이 듭니다. 이럴 경우 해당 이벤트를 허락하지 않고 제가 생각하는 계획대로 밀어붙일 수도 있고, 책임지고 해보라고 할 수도 있습니다. 저는 미리 정해진 범위 내에서는 제가 보기에 실패할 것 같은 일이라도 해보라고 허용해줍니다. 제 생각과 달리 성공하면 좋은 것이고, 실패하더라도 뭔가 분명히 배울 것이 있을 것입니다. 만약 실패할 경우 그만큼 그 팀장의 책임의식과 업무 역량은 커질 것입니다. 상호 신뢰도 커집니다. 그 비용은 그 팀장을 성장시키는 학습비용이라고 생각합니다.

그런데 처음에 설정했던 한도를 넘어서서 손해가 커질 것으로 예상되면 즉각 개입해서 문제를 해결합니다. 임파워먼트의 진정한 묘미는 바로 이런 것입니다. 개입하면 손실을 줄일 수 있고, 더 잘할 수 있다는 것이 뻔히 보이는데도 미리 정한 손해 범위 내에서는 팀원들의 성장과 경험 축적을 위해서 참고 견디는 힘, 이것은 임파워먼트 리더들이 갖춰야 할 핵심 요소입니다.

셋째, 직원들에게 모든 일을 맡기더라도 그 일의 결과에 대한 최종 책임은 리더에게 있습니다. 소위 리더의 책임 불변의 법칙입니다. 고 이병철 회장의 다음과 같은 지적은 깊이 새겨야 할 경구임에 틀림없습니다.

"자기 확신을 가진 리더가 되어라. 다른 사람들을 먼저 신뢰하고 자기 리더십을 보장하라. 구성원의 역량을 개발해주어라. 선택의 폭을 넓혀주고 자원을 지원하라. 임파워먼트를 위한 조직 인프라를 구축하라. (수평조직 등) 실패에 대해 용인하는 문화를 조성하라. 권한 위양을 빙자해 책임을 회피하는 것처럼 무책임한 것이 없다. 무책임한 권한 위양은 조직의 질서를 혼란시키고 활력을 저하시킨다. 팀원에게 지울 수 있는 책임은 한정된 직무상의 책임에 국한되며 일의 성사, 공과에 대한 책임은 당연히 리더가 져야 한다. 명심해야 할 것은 권한을 위양하여도 책임은 그대로 남는다는 책임불변責任不變의 원칙이다."

일은 아랫사람에게 믿고 맡기되 그 결과에 대한 책임은 리더에게 있다는 사실을 망각해서는 안 됩니다. 리더는 항상 일의 공은 팀원에게 돌리고, 좋지 않은 결과에 대한 책임은 본인이 진다는 각오를 갖고 임해야 하며, 실제로 그런 일이 발생했을 때 적극 나서서 책임지는 모습을 보여야 합니다. 구성원들은 그런 리더를 신뢰하고 따르게 됩니다. 다시 한번 강조하지만 임파워먼트는 업무 위임을 통해 구성원의 역량을 향상시키고, 남는 시간은 더 큰 부가가치를 창출할 수 있는 일에 투자함으로써 조직 전체의 역량을 키우고 고성과 창출 조직을 만들어가는 것입니다. 그 일에 대한 책임까지 위임하는 것은 결코 아니라는 것을 잊어서는 안 됩니다.

임파워먼트 영역

다음은 동기부여에 관련된 지문이다.

훌륭한 리더는 15분 안에 6만 피트 상공에서 지면까지 달려갈 수 있어야 한다. 리더가 구름 속에 너무 오래 머무르면 지금 무슨 일이 일어나는지 알 수 없을 것이고, 땅에만 있으면 미래를 예견할 수 없다.

– GE 전 회장 제프리 이멜트

리더는 삿대가 되어야 한다. 배가 수심이 얕은 곳에 걸려서 나가지 못할 때는 삿대질을 한다. 그럴 때 고마운 것이 삿대다. 하지만 그 위기를 벗어나 배가 순풍을 만나 쏜살같이 달릴 때, 삿대가 배 위에 나타나 이리저리 휘젓고 다니면 배 위에서 아무 일도 못한다. 배가 잘 달릴 때 삿대는 배 어느 한쪽에 보이지 않게 누워 있어야 한다.

장막 안에서 계책을 세워 천리 밖에서 승리를 거두게 하는 데 있어서 나는 장량張良만 못하다. 국가의 안녕을 도모하고 백성을 사랑하며 군대의 양식을 대주는 데 있어 나는 소하簫何만 못하다. 백만 대군을 이끌고 나아가 싸우면 이기고 공격하면 반드시 빼앗는 데 있어 나는 한신韓信만 못하다. 하지만 나는 이들을 얻어 그들의 능력을 충분히 발휘하게 해주었다. 바로 이것이 내가 천하를 얻은 까닭이다.

– 유방, 《초한지》 중에서

다른 사람이 당신을 위해 해줄 수 있는 일을 결코 자신이 하지 말라. 다른 사람이 당신을 위해 해줄 수 있는 일이 늘어날수록, 당신 외에는 그 누구도 할 수 없는 일에 당신이 쏟아부을 수 있는 시간과 에너지도 늘어난다.

– E. W. 스크립스

제시된 지문을 통해 도출할 수 있는 결론으로 가장 적절한 것은?

① 무슨 일이든 솔선수범하여 앞장선다.

② 통제와 간섭은 참여와 몰입을 높인다.

③ 믿고 맡기면 스스로 주인이 된다.

④ 자율은 사람에 대한 믿음에서 출발한다.

⑤ 다른 이들에게 권한을 위임하는 사람들이 리더가 될 것이다.

문제 해설

답은 ③이다. 초등학교 졸업에 그친 다나카 전 수상이 도쿄대 출신이 많은 대장성 장관으로 임명되었을 때, 엘리트 관료집단의 본산인 대장성에서는 노골적인 불만이 표출되었다. 다나카는 1분도 안 되는 취임사 한마디로 우려와 불만을 일거에 해소했다.

"여러분은 천하가 알아주는 수재들이고, 나는 초등학교밖에 나오지 못한 사람입니다. 더구나 대장성 일에 대해서는 깜깜합니다. 따라서 대장성 일은 여러분들이 하십시오. 나는 책임만 지겠습니다."

대장성 직원 모두를 리더로 인정해주는 순간, 그들의 마음의 문이 활짝 열렸다. 믿고 맡겨야 한다. 통제와 간섭 대신 믿고 맡기면 자발적 참여와 몰입도 높아지고 자연스럽게 주인의식을 가지게 되어, CEO 마인드로 일하게 된다.

참여와 몰입도 높아지고 자연스럽게 주인의식을 가지게 되어, CEO 마인드로 일하게 된다.

CHAPTER 5

스포트라이트는
나를 비추지 않는다

구성원을 리더로 키워주는
상사가 많아야 조직이 발전한다.
자율성이 보장된 집단이 그렇지 않은 집단보다
생산성이 네 배나 더 높다는 것이 실험을 통해 밝혀졌다.
전 직원이 리더처럼 행동해야 기업의 성과가 향상된다.

| 배리 포스너(미국 산타클라라 경영대학원 학장) |

‘일도 바쁜데, 직원 코칭에 내 시간을 쓰라고?’

중간관리자들에게 직원 코칭과 육성에 더 신경을 쓰라고 하면 대체로 이런 반응을 보입니다. 하지만 직원 육성은 다른 일을 다 하고 나서 더 할 일이 없을 때 하는 게 아니라, 무엇보다 먼저 해야 할 리더 본연의 책무입니다.

리더가 되기 전에는 성공이 ‘나’의 성과와 실적, 개인적인 기여에 달려 있습니다. 그러나 리더가 된 후의 성공은 다른 사람을 통해 달성됩니다. 나를 위해, 나와 함께 일하는 사람들이 더 영리해지고 더 큰 그릇이 될수록 나의 성공도 더불어 커지게 됩니다.

나 혼자 일을 잘해서 성과를 내면 1의 성과가 나오지만, 열 명의 직원들이 각각 1의 성과를 내면 우리 조직의 성과와 그 조직을 맡은 나의 성과는 10이 됩니다. 내가 1의 성과를 내기 위해 직원 육성에 소홀하면, 직원들은 더는 성장하지 못하고 성과도 내지 못하며 그야말로 방치됩니다. 열 명이 각각 본인의 잠재력을 최대한 발휘할 수 있도록 먼저 키워주고, 그러고도 여력이 있으면 내 일을 하는 것이 리더가 가져야 할 자세입니다.

리더의 능력은 나를 위해 일하는 직원들이 가진 능력 이상도 이하도 아니며, 진정한 리더는 직원의 성공이 자신의 성공임을 아는 사람입니다. 직원들이 성과 평가에서 전부 A를 받게끔 양성하면 당연히 리더의 성과 평가도 A를 받게 됩니다. 간혹 부하 직원을 경쟁자로 여겨서 자신을 추월할까 봐 키워주는 것을 두려워하는 리더도 있습니다. 만약 그렇게 생각한다면 리더로서의 자격이 없습니다.

직원 육성이 리더의 가장 중요한 책무다

GM의 전 회장 랠프 코디너는 "훌륭한 리더는 최소한 3년 이내에 자기보다 세 배의 성과를 높일 수 있는 사람을 세 명 이상 육성해야 할 책임이 있다. 상사의 업적은 부하들의 능력을 통해 달성된다"라고 직원 육성의 중요성을 강조합니다.

우리는 이처럼 직원 모두를 리더로 양성해나가는 리더를 슈퍼 리더라고 부릅니다. 리더의 자리에 올라선 순간 슈퍼 리더로 성장하는 것이 본인의 다음 목표라는 것을 명확히 인식하고, 무엇보다 직원 양성을 우선할 수 있는 리더가 되어야 합니다. 인텔에서는 회장부터 일선 관리자에 이르기까지 모든 지도자가 자기 업무의 일환으로 리더십을 가르치는 것을 시스템화했습니다. 관리자가 다른 사람들에게 리더십 기술을 가르치는 데 얼마나 적극적으로 참여하느냐에 따라 보너스 액수가 달라지게 한 것입니다. 이처럼 팀원을 리더로 키워주는 상사가 많아야 조직이 발전합니다. 팀원들의 역량을 높이는 데 최대한 많이 투자해야 합니다.

모두가 리더 되는 조직 만들기

리더십은 곧 성과입니다. 그렇다면 A급 사장이 경영하는 회사는 당연히 전 부문이 A의 성과를 내야 합니다. 그런데 제 20년 사장 경험으로 보면 그렇지 않습니다. 만약에 3개 부문으로 구성된 회사 사장의 리더십이 A등급이라고 했을 때, 1부서 담당 임원의 리더십은 A급, 2부서 담당 임원의 리더십은 B급, 3부서 담당 임원의 리더십이 C급이라고 가정하면 놀랍게도 대체로 1부서의 성과는 A가 되고, 2부서는 B, 3부서는 C로 귀결됩니다. 사장이 A급의 리더인데도 불구하고 조직 전체의 성과가 A가 되는 것이 아니라, 부문별로 직속 상사의 리더십 수준에 맞는 성과가 창출된다는 것입니다.

단계를 하나 낮춰도 마찬가지입니다. 보통 사업부 대표 임원의 리더십이 A라 하더라도 휘하 팀장의 리더십이 B라면 그 팀의 성과는 B가 되고, 만약 C급 팀장이 팀을 맡게 되면 그 팀은 C급 성과를 창출하게 됩니다.

결론적으로 리더가 본인의 리더십만 키운다고 해서 조직 전체의 성과가 높아지지는 않는다는 것입니다. 스스로 리더십을 계발하기 위해 끊임없이 노력하는 동시에 자신 아래의 중간 리더들을 전부 다 A급 리더로 성장시키기 위해 노력해야만 비로소 자신이 맡은 전 부문의 성과를 극대화할 수 있습니다. 따라서 중간관리자들의 리더십을 꾸준히 지켜보며 평가하고, 만약 부족한 부분이 있다면 집중적으로 가르쳐줘야 합니다. 코칭을 꽤 오래 했는데도 리더로서 제대로 서지 못하는 중간관리자는 리더의 자리에서 내려오게 해야 합니다.

개인적으로 아무리 뛰어난 역량을 갖고 있더라도 리더의 자리에 맞지 않는 사람들이 있습니다. 그런 사람들은 리더 역할을 하는 것이 아니라 맡은 일을 혼자 해내는 전문가 트랙을 밟을 수 있게끔 제도와 시스템을 만들어야 합니다. 이를 전문 용어로 '듀얼 래더dual ladder' 시스템이라고 합니다.

아직까지도 우리 사회에는 나이가 들고 연공이 쌓이면 당연히 관리자 직책을 맡아야 한다고 생각하는 경향이 있습니다. 피라미드 조직에서 관리자가 되지 못하면 그 자체를 부끄럽게 생각하고 조직에서 나가야 하는 것이 현실입니다. 그러나 외국에는 이미 듀얼 래더가 많이 정착되어 있습니다. 사람 관리는 잘 못하고, 흥미도 없는 기술자라면 관리자 지위를 맡지 않고 그 분야의 업무 전문가로서 정년까지 그 역할을 계속하는 것입니다. 물론 전문가 트랙에서도 승진할 수 있는 장치를 마련한 곳이 많습니다. 이를테면 전문가 임원에게 연구위원이라는 타이틀을 부여합니다. 이럴 경우 임원이어도 사람이나 조직을 관리하는 책임은 지지 않고 연구에 전념할 수 있게 됩니다.

이렇게 시스템을 보완하여 사장, 그리고 임원, 팀장까지 모든 리더가 탁월한 리더십 역량을 보유하여 리더십을 실천할 수 있다면 그 조직은 당연히 최강 조직의 반열에 오를 수 있습니다.

휴넷에서는 매년 상하반기 2회에 걸쳐 전체 리더에 대해 해당 부서 구성원이 리더십을 평가하는 기회를 가집니다. 리더의 역할에 대해 30개 정도의 객관식 설문에 답하게 하고, 리더가 잘하는 영역과 부족한 영역, 그리고 개선했으면 좋겠다는 내용을 주관식으로 답변하게 합니다. 그 결과는 인사고과에 반영하지 않고 참고 자료로만 사용하여 그 결과에 따라 리더가 자신을 개선해나가는 수단, 그리고 직속 상사가 리더들을 코칭하는 자료로 활용합니다. 평가 때마다 직원의 95퍼센트 정도가 참여하여 솔직하게 자신의 의견을 개진합니다.

〈 휴넷 리더 평가 설문 자료 〉

NO	항목	문항
1	비전/의미	팀장 스스로 회사의 비전과 전략 방향을 명확히 이해하고 있다.
2		팀장은 우리 팀의 비전을 명확히 그려주고, 이에 대해 수시로 이야기한다.
3		팀장은 내가 하는 일에 자부심을 가지게끔 일의 의미와 가치 부여를 충분히 한다.
4	휴넷웨이	휴넷웨이(미션, 비전, 핵심 가치, 문화)에 따라 의사결정하고 행동으로 모범을 보인다.
5		회사생활 및 업무 관련 커뮤니케이션에 있어 휴넷웨이의 중요성에 대해 자주 이야기한다.
6	변화혁신/CEO 마인드	팀장은 관리자 마인드가 아닌 기업가 정신과 CEO 마인드로 일을 수행한다.
7		실패를 두려워하지 않고, 현실안주보다는 새로운 변화와 도전을 즐긴다.
8		주어진 임무 수행에 만족하지 않고 늘 스스로 도전적인 목표(stretched goal)를 설정한다.
9		팀장은 주어진 여건하에서 최선을 다하는 것을 넘어 부족한 자원을 확보해서라도 기필코 목표를 달성하고자 한다.

10		팀장은 나를 존중하고 배려한다.
11	동기부여	힘이 되는 격려와 칭찬을 자주 한다.
12		팀원이 자율성을 가지고 일하게끔 지원하고 지지한다.
13		(업무의견 제시, 개인적 이야기 등) 하고 싶은 이야기가 있을 때는 거리낌없이 편안하게 이야기할 수 있다.
14		업무 진행사항이나 수행결과에 대해 명확히 피드백을 한다.
15		팀장과 정기적으로 111 미팅을 진행하고 있다. [주 1회 : 10점 / 2주 1회 : 8점 / 월 1회 : 6점 / 분기 1회 : 4점 / 하지 않음 : 2점]
16	코칭육성	111 미팅을 통해 업무 피드백, 문제해결, 경력개발 등 의미 있는 대화를 나누고 있다.
17		팀원의 성장과 경력개발에 관심을 가지고 육성을 위해 적극적으로 노력한다.
18		팀원을 편애하지 않고 공정하게 대한다.
19		팀장은 팀원들과 소통하면서 팀이 달성해야 할 목표와 실행전략을 명확하게 제시한다.
20		관련 분야의 전문성과 역량을 충분히 보유하고 있다.
21		업무수행에 대한 의사결정을 적시에 하며, 공격적으로 업무를 추진한다.
22	실행력/ 성과달성	해결하기 어려운 문제나 업무 수행 시 장애요인을 적극적으로 해결한다.
23		타 부문과 협업을 돕고, 타 부문과의 갈등을 전사/사업부 관점에서 주도적으로 해결한다.
24		우리 팀장은 탁월한 팀 경영(조직관리)을 통해 지속적인 팀 성과를 창출한다.
25		우리 팀장은 회사 전반의 현황 및 상위자에게서 얻은 정보를 적절하게 공유한다.
26		우리 팀장은 회사 업무에 헌신하고 있어 팀원들에게 모범이 된다.
27		항상 윤리적이고 컴플라이언스를 준수한다.
28	인성	정직하고, 진정성이 있다.
29		힘든 상황이 있더라도 늘 긍정적 마인드를 가지고 일한다.
30		매사 솔선수범한다.
31	리더십 종합	우리 팀장은 리더로서 존경할 만하고 믿고 따를(신뢰) 만하다.
32		나는 나의 팀장을 다른 직원들에게 추천할 것이다.
1		우리 팀은 확고한 비전과 높은 수준의 목표를 가지고 일한다.
2		우리 팀원들은 각자 맡은 역할을 책임감 있게 수행하며 성과를 내고 있다.
3	최강팀 평가	나는 우리 팀에서 하고 싶은 말이나 의견이 있을 때 언제든 편하게 얘기할 수 있다.
4		우리 팀은 업무 협업이 잘되고 팀워크가 좋다.
5		나는 앞으로도 우리 팀에서 계속 일하고 싶다.
6		위 문항들을 종합적으로 고려해볼 때 나는 우리 팀이 최강팀이라고 생각한다.

팀장님의 강점 및 앞으로 계속 유지했으면 좋겠다고 생각되는 점에 대해 작성해주십시오.

팀장님이 개선하거나 변화했으면 좋겠다고 생각하는 점에 대해 작성해주십시오.

현재 우리 팀이 가지고 있는 강점에 대해 작성해주십시오.

우리 팀이 최강팀이 되기 위해 노력 및 보완해야 할 점이 있다면 작성해주십시오.

다행히 익명 평가로 진행하기에 직원들의 가감 없는 평가가 그대로 드러납니다. 어떤 리더들은 의외의 점수에 좌절하기도 합니다. 평가 결과를 긍정적으로 받아들이는 리더는 뚜렷하게 개선되는 경우가 많지만, 리더십 평가 점수가 낮은 것을 팀원 탓이나 외부 환경으로 돌리는 경우는 개선되지 않는다는 공통점이 있습니다.

놀랍게도 대체로 90점대의 리더보다는 80점대의 리더들이 더 성과가 좋습니다.

한두 번 낮은 점수가 나온 리더는 집중적으로 코칭하면 점차 개선되어 몇 년 후에 훌륭한 리더로 자리 잡기도 합니다. 경영자로서 가장 기분이 좋을 때가 바로 이런 때입니다. 그런데 집중 코칭을 했는데도 개선이 안 되는 경우가 있습니다. 이런 경우는 그 사람이 리더의 자리에 적합하지 않은 성향을 가졌다고 판단할 수 있습니다. 잘 설득해서 리더의 자리에서 내려오게 하는 것이 상책입니다. 일부는 리더 자리를 내려놓는 것을 수치로 생각해서 저항하거나 아예 회사를 그만두기도 하지만, 일부는 홀가분하다고 생각해서 전문가 트랙으로 훌륭하게 전환되기도 합니다.

111 미팅을 습관화하라

몇 년 전 인사팀에서 다음 해부터 리더십 계발을 위해 111미팅을 하자는 기획안을 가져왔습니다. 111 미팅이 뭐냐고 묻자 한 달에 한 번, 한 시간 미팅을 통해 리더가 직원을 코칭한다는 의미라고 답했습니다. 저는 한 달에 한 번이 아니라 일주일에 한 번씩 하자고 말했습니다. 그러자 일주일에 한 번씩은 힘들 것이다, 어떤 팀은 직원이 20명이나 되는데 1대 1 미팅을 하다가 일주일이 다 갈 수도 있다는 반대의견이 나오기도 했습니다. 그러나 저는 이왕 할 거면 제대로 하자고, 먼저 솔선수범하겠다고 밀어붙였습니다. 물론 구성원이 20명 이상인 팀은 팀장이 매주 팀원 모두를 만나기가 물리적으로 어렵다는 현실을 고려해서 취지에 맞게 자율적으로 운영하라고 했습니다.

그렇게 제도를 만들고 나서 저는 임원들과 직접 맡고 있던 사업부 팀장을 포함해서 10명을 대상으로 2년여 동안 111 미팅, 즉 일주일에 한 번씩 만나서 한 시간씩 코칭하는 미팅을 계속해오고 있습니다.

결과는 매우 성공적이라 자평합니다. 임원들과의 심리적인 거리감이 없어졌고 상호 간에 믿고 맡기는 영역이 오히려 더 커졌고 인간적으로도 훨씬 더 가까워졌습니다. 리더십 개발도 자연스럽게 이뤄지고, 해당 부서들의 성과도 크게 개선되었습니다. 이제는 다들 111 미팅의 신봉자가 되었다 해도 과언이 아닙니다. 늘 바쁜 리더가 매주 직원과 1대 1로 마주할 시간을 내기는 사실상 쉽지 않습니다. 그러나 다른 업무를 제쳐놓더라도 여기에 가장 먼저 시간을 할당하라고 제안하고 싶을 정도입니다. '리더는 팀원이 원할 때 시간을 내주는 사람이다'라는 말이 있듯이 말입니다.

111 미팅을 말 그대로 따라 할 필요는 없습니다. 시간 여유가 없을 때는 20분만 내도 됩니다. 그러나 그 시간만큼은 팀원에게

집중해야 합니다. 가능하면 업무 시간에 하는 것이 좋습니다. 딱딱한 회의실보다는 카페 같은 공간에서 가볍게 티타임을 갖는 것도 좋습니다. 업무에 관한 대화도 좋고, 조직의 미래 비전과 가치에 대한 대화도 좋습니다. 어떨 때는 진행하는 업무와 전혀 상관없는 비생산적인(?) 대화를 할 수도 있지만, 그것이 오히려 생산적인 결과로 이어질 수 있기에 주제에 너무 집착하지 않아도 됩니다. 매주 한 명당 한 시간 정도씩 편안한 대화 시간을 갖는다는 것 자체가 중요합니다. 요즘 어떤 일에 집중하는지, 고민은 뭔지 다양한 질문을 하는 것도 좋습니다. 제대로 된 질문은 직원 스스로 방향을 잡고 해결책을 찾을 수 있게 도움을 줄 수 있다는 점에서 매우 유용한 코칭 수단이 됩니다.

기억에 남는 사례를 공유합니다. A 사업부 대표의 리더십에 대한 집중 코칭이 필요하다고 생각했습니다. 며칠간 고민해서 제가 생각하는 해당 사업부 대표의 강약점, 개선되어야 할 사항들에 대해 일종의 보고서를 미리 A4용지 여덟 장에 걸쳐 공을 들여 만들었습니다. 매주 화요일 오전에 특별히 한 시간씩 내서 총 8주에 걸쳐서 집중적인 코칭을 통해 그 리더의 리더십을 개선하고자 노력했습니다. 하지만 결과적으로 실패했고, 그 리더는 회사를 그만두었습니다. 그러나 중간 리더의 리더십 개발을 위해 상당히 많은 시간을 쓰고 열과 성을 다한 노력 그 자체에 대해서 스스로 칭찬할 수 있었습니다.

수직적 리더십을 가졌던 팀장을 수평적인 리더십, 서번트 리더십 스타일로 전환한 성공 사례도 있습니다. 열 번에 가까운 111 미팅에서 오롯이 그 주제만으로 대화를 이끌어갔고, 초기에는 저항이 만만치 않았던 기억이 새롭습니다. 그러나 지금은 그 어느 리더보다도 뛰어난 리더로 거듭난 모습을 보면 흐뭇한 미소가 떠오릅니다. 이러한 실제 경험을 토대로, 사람의 성향은 기본적으로 잘 바뀌지 않지만 잘하면 바뀔 수도 있다고 생각이 변화했습니다. 물론 태도나 스타일을 바꾸기는 결코 쉽지 않다는 것을 깨달았고, 리더십 스타일의 변화에는 최소 8주 정도가 소요된다는 것도 체감했습니다. 처음 2주 정도는 변화에 강하게 저항하고 그다음에는 불안에 떱니다. 2주 정도 시간이 더 흐르면 스스로 방법을 모색하게 되고, 총 8주 정도 되면 새로운 습관과 자세, 리더십 스타일이 몸에 배기 시작합니다. 물론 성공적인 케이스에 해당하는 일이긴 합니다.

그간의 경험을 토대로 팀원 육성과 코칭에 대해 몇 가지 실용적 팁을 이야기해보겠습니다.

첫째, 코칭의 사전적 정의나 방법론에 얽매일 필요가 없습니다.

코칭은 '발전하고자 하는 의지가 있는 개인이나 그룹이 가진 잠재능력을 그들 스스로 사고하고, 움직이는 주도적인 인재로 성장시키며 현재 지점에서 그들이 바라보는 목표를 설정하고 전략적인 행동을 통해 결과를 성취할 수 있게 인도해주는 기술이자 행위'라고 사전적 정의를 내릴 수 있습니다. 가장 대표적인 코칭 기법이 바로 GROW입니다. 먼저 질문(생각을 열고)과 경청(마음을 열고), 피드백(행동을 열어)을 통해 리더와 구성원 사이에 신뢰 관계를 형성하고, 그 신뢰를 토대로 목표^{goal}를 설정하고, 온전히 현실^{reality} 파악을 하게 돕고, 대안^{option}을 창출하게 하고, 그 일을 잘 실천할 수 있는 의지^{will}를 확인하기까지의 프로세스를 제대로 지키라는 것입니다. 이 과정에서는 코치가 답을 주기보다 구성원이 스스로 답을 찾아가게끔 적절하게 질문하고 인내하는 자세가 필요합니다. 이는 알맞게 작동하면 매우 유용한 툴이 됩니다.

그러나 팀원의 육성이 코칭을 위한 코칭이 되면 안 됩니다. 경우에 따라서는 코칭이 필요하지만 때로는 멘토링이 필요하기도 합니다. 참고로 멘토링은 '멘토와 멘티가 합의된 목표하에 상호 인격을 존중하며 일정 기간 멘티의 잠재능력을 개발하여 핵심 인재로 육성하는 체계적인 활동'이라고 할 수 있습니다. 경우에 따라서는 자문, 상담, 교육이 필요하기도 합니다. 코칭 기법을 지키는 것도 좋지만, 지나치게 기법에 얽매이기보다는 유연한 사고로 상황에 맞게 가장 적합한 수단을 찾아 활용하는 것이 좋습니다. 핵심은 사람을 키우고, 문제 해결을 돕고, 성과를 창출할 수 있게 지원하는 것입니다.

둘째, 피드백도 중요하지만 피드포워드feedforward가 더 유용할 때가 많습니다. 미래의 성공 가능성을 높이기 위해 '상황이 일어나기 전', 즉 사람들이 어떤 일에 착수하기 전에 성공에 필요한 정보를 미리 제공하는 것을 피드포워드라고 합니다. 피드백은 메시지를 분명히 전달하고 이해했는지를 확인하는 것, 즉 '상황이 일어난 후에' 그 결과에 대해 평가하고 대안에 대해서 이야기하는 사후 약방문적 성격이 짙습니다. 그런데 실제로 미래의 성공 가능성을 높이려면 피드백보다는 피드포워드가 더 유용합니다. 피드백이 이미 일어난 일을 평가한다면 피드포워드는 성취해야 하는 내용의 기대치를 명확히 합니다. 피드백은 교정을 위한 것이지만, 피드포워드는 커뮤니케이션이 제대로 됐는지 알 때까지 기다리지 않고 발생 가능한 문제를 예방할 방법을 알려줍니다. 따라서 리더는 피드백과 피드포워드를 적절히 활용할 수 있어야 합니다.

셋째, 팀원들을 사자로 키워야 합니다. 요즘 들어 인간적인 리더에 대한 이야기가 많고 칭찬과 존중을 강조하다 보니 리더에게 질책이 금기시되고 있습니다. 또 직원들을 꾸짖고 혼내는 리더는 나쁜 리더(?)라고 폄훼되는 경우도 있습니다. 그러나 그렇지 않습니다. 진정으로 팀원을 사랑한다면 때로는 질책과 꾸중도 확실하게 할 수 있어야 합니다. 리더는 욕을 먹을 줄도 알아야 하고, 팀원과 일시적으로 관계가 악화되더라도 잘못에 대해서는 과감하게 지적할 수 있어야 합니다. 물론 제대로 된 지적을 하려면 많은 준비가 필요합니다. 그런 점에서 "야단이나 꾸중에는 분명히 의욕 저하와 함께 생산성 저하가 있다. 그래서 야단치는 사람은 신중해야 하고, 세 시간을 투자할 정도의 열정이 있어야 한다. 이것이 바로 꾸중이다"라고 말하는 일본 호리바 제작소 호리바 마사오 사장의 이야기는 깊이 새겨볼 필요가 있습니다.

저는 팀장들에게 신입 직원이 들어오면 최소 3개월은 혼자 화장실에 가서 눈물을 흘릴 정도로 강력하게 코칭하라고 이야기합니다. 힘들고 어렵더라도 진정 후배를 사랑하는 마음으로, 키워주기 위해서 따끔하게 혼낸다면 팀원들도 충분히 그 진정성을 알게 됩니다. 그렇게 해서 사자로 키워지면 훗날 자신을 키워준 것에 대해 평생 감사해하기도 합니다. 실제로 혼날 당시에는 섭섭했고, 그래서 상사를 원망하기도 했지만, 나중에 그 호랑이 같던 상사가 오늘의 자신을 만들었다고 말하는 사람들을 많이 보았습니다.

이해를 돕기 위해 한국인이면서 외국계 기업에서 최고 임원 자리에 오른 분들의 이야기를 덧붙입니다. 다음은 윤문석 전 시만텍코리아 사장 이야기입니다.

"직원들을 끊임없이 불안정하게 만드는 것이 최고경영자의 역할이다. 직원들이 산꼭대기에 올라가게 힘을 실어주고, 정상에 올라가서는 더 높은 산에 오르게 하기 위해 다시 떨어뜨리는 것이 사장이 할 일이다."

다음은 최치훈 전 GE에너지 아태지역 사장의 전언입니다.

"수영도 못하는 사람을 수영장에 빠뜨립니다. 어떻게든 헤쳐나오면 호수에 넣죠. 그다음엔 바다에 빠뜨리죠. GE는 이렇게 사람을 키웁니다."

직원 육성 영역

다음은 삼성의 고 이병철 회장이 1980년에 한 말이다.

> 나는 내 일생을 통해 ________는 인재를 모으고, 교육시키는 데 시간을 보냈다. 내가 키운 인재들이 성장하면서 두각을 나타내고 좋은 업적을 내는 것을 볼 때 고맙고 반갑고 아름다워 보인다. 삼성은 '인재의 보고'라는 말을 세간에서 자주 하는데, 나에게 있어 이 이상 즐거운 일은 없다.

문제

빈칸에 들어갈 알맞은 수는?

① 60퍼센트

② 30퍼센트

③ 50퍼센트

④ 80퍼센트

⑤ 90퍼센트

만약 당신이 국가대표 축구 감독이거나 프리미어 리그의 맨체스터 유나이티드 감독에 임명되었다면 가장 먼저 무엇을 하겠는가? 당연히 전 세계를 통틀어 가장 뛰어난 축구 선수를 탐색하고, 그 선수를 스카우트하는 작업을 우선하게 될 것이다. 최고의 선수들로 구성해야 팀이 최고의 성과를 거둘 수 있기 때문이다. 기업도 마찬가지다. 삼고초려, 십고초려를 해서라도 핵심 인재를 모셔와야만 기업이 성공할 수 있다. 늘 'S급 인재를 확보하였는가?'라는 질문을 가슴에 품고 지내도록 하자. 답은 ④다.

CHAPTER 6

진정한 권력은
섬김에 있다

리더십이란 목표가 무엇이든
팀을 성공으로 이끄는 데
필요한 일을 하는 것을 뜻한다.
진정한 리더는 이 목표를 우선시하고
어려울 때 가장 먼저 희생한다.

| 크리스 마이어스(보드트리 CEO) |

과거의 리더들은 자신이 리더이기 때문에 다른 사람을 이끌어야 한다고 생각했으며, 구성원이 따라오지 못하면 지체 없이 지위를 이용해 강제력을 행사했습니다. 또 리더십의 확립이란 구성원이 절대적으로 복종하는 것을 의미했습니다. 산업사회에서는 이런 지시·통제형 리더십이 사회 발전에 크게 기여한 것이 사실입니다. 그러나 세상이 바뀌었습니다. 이제는 시시각각 변화하는 고객의 니즈에 맞춰서 즉각적으로 대응해야 하는 실무자들에게 권한과 책임이 주어져야 하는 세상이 되었습니다. 리더십 패러다임 역시 서번트 리더십으로 변화한 이유가 여기에 있습니다.

가부장적 문화의 유산이 아직도 많이 남아 있는 우리 사회에서는 오늘날까지도 리더는 당연히 누리는 자리, 군림하는 자리로 인식됩니다. 리더의 갑질이 요즘도 심심치 않게 발생하는 것은 참으로 안타까운 일입니다. 가부장적 리더, 누리는 사람으로서의 리더, 팀원을 머슴으로 생각하는 리더들이 아직도 우리 사회에 많다는 방증입니다.

그러나 이제는 바뀌어야 합니다. 리더는 군림하는 자리가 아니라 섬기고 봉사하는 자리입니다. 권한을 즐기는 자리가 아니라 조직의 성패와 운명을 책임지는 자리입니다. 섬기고 봉사하고 책임지는 것이 먼저입니다. 이를 'servant first, leader second'라 말합니다. 리더십에 대한 인식의 대전환이 필요합니다.

서번트 퍼스트, 리더 세컨드

과거에 리더가 조직 구성원을 움직이는 수단은 주로 지위와 겉으로 드러난 권한이었습니다. 그러나 이제는 미래에 대한 꿈을 제시하는 역할, 인간적 배려를 통한 공감대 형성, 정직과 도덕성, 책임을 보여주는 솔선수범, 개인의 성장과 발전을 지원하는 것과 같이 소프트한 것으로 바뀌고 있습니다. 특히 군림하는 리더가 아닌, 인간의 존엄성을 토대로 구성원을 섬기는 자세와 태도가 가장 중요한 미래형 리더십의 요소가 되고 있습니다.

<마태복음>에는 서번트 리더십의 핵심과도 같은 말이 기록되어 있습니다. "너희 중에 리더가 되고자 하는 사람은 먼저 봉사자가 되어라. 남을 이끌려면 봉사하는 법부터 깨우쳐야 하느니." 서번트 리더십이란 오늘날 갑자기 나온 개념이 아닙니다. 리더는 본래 섬기고 봉사하는 자리여야 한다는 가르침을 우리가 잊고 살았을 뿐입니다.

《리더십 챌린지》라는 책을 쓴 제임스 쿠제스 교수는 "리더가 되기로 했을 때 우리는 다른 사람들을 위해 봉사하기로 선택한 것이다. 리더가 된다는 것은 다른 사람들로부터 무언가를 얻는 것이 아니라 다른 사람들이 우리로부터 무언가를 얻도록 하는 것이다"라고 서번트 리더십의 핵심을 간략히 정의합니다.

많은 리더가 'servant first, leader second'라는 혁명적 발상을 이미 경영 전반에서 실천하고 있습니다. 일본 소니의 공동 창업자이자 2대 회장인 모리타 아키오는, "나의 경영이념은 '소니와 이해관계에 있는 모든 사람에게 행복을 선사하는 것'이다. 그중에서도 특히 직원들의 행복이 나의 최대 관심사다. 그들은 한 번밖에 없는 인생의 가장 소중한 시기를 소니에 맡긴 사람들이기에 반드시 행복해져야 한다. 직원에 대한 나의 최대 사명은 그들이 세상을 떠날 때, '소니에 근무해서 정말 행복했다'라고 생각하게 만드는 것이다"라고 말했습니다.

세계 최대의 여성 피트니스 체인 커브스의 게리 헤빈 회장 역시 "만일 위대한 리더가 되고 싶다면 섬기는 리더가 되어야만 한다. 우리 조직은 역피라미드 구조로 되어 있다. 내가 가장 밑바닥에 있는데, 내가 하는 일이 바로 섬기는 일이기 때문이다"라고, CEO로서 자신의 임무가 섬기고 봉사하는 것임을 밝히고 있습니다. 맥도날드의 창업회장 레이 크록도 리더의 역할이 다른 사람의 성공을 돕는 것이라는 점, 구성원의 성공이 곧 자신의 성공이라는 점을 명확히 이해했습니다. 한 기자가 레이 크록 회장에게 성공의 척도가 무엇이냐고 묻자 그는 다음과 같이 대답했습니다.

"많은 사람이 성공의 척도를 얼마나 돈을 벌었느냐에 둡니다. 그러나 나는 얼마나 많은 사람을 백만장자로 만들었느냐를 성공의 척도로 생각합니다. 내가 여기 있는 이유는 여러분의 업무를 돕기 위해서입니다. 나는 여러분이 성공하게끔 싸우고 방어하며, 모든 간섭을 배제할 것입니다. 왜냐하면 여러분이 성공해야 내가 성공하기 때문입니다."

저희 휴넷도 창업 초기부터 역피라미드 조직을 공식화해서 운영하고 있습니다.

맨 위에 고객이 있고, 그 바로 밑에 현장에서 고객에게 봉사하

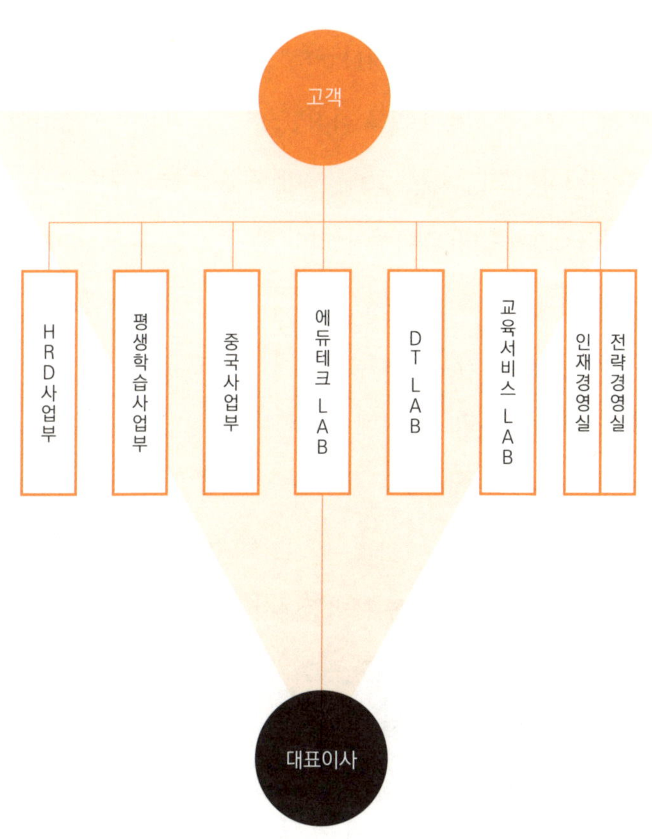

고객 행복을 최우선으로 생각하는 역피라미드 구조 조직

는 현장 직원들, 그리고 그 밑에 현장 직원들의 어려움을 돕는 것을 임무로 하는 팀장급 중간관리자, 그 아래가 최고경영층으로 구성된 역피라미드 조직입니다.

실질이 형식을 규정하기도 하지만, 경우에 따라서는 형식이 실질을 지배하기도 합니다. 20년 넘게 꾸준히 역피라미드 조직을 운영하다 보니 팀장급 이상의 리더 중 구성원 위에 군림하려는 사람은 거의 찾아볼 수 없습니다. 대신 외부에서 새롭게 영입한 리더들은 그동안 가부장적이고 위계적인 조직 문화를 경험해온 탓에 휴넷의 수평적인 조직에 적응하는 데 상당한 어려움을 겪습니다.

거듭 강조했듯 원래 리더는 섬기는 자리입니다. 고객 서비스로 유명한 미국의 노드스트롬 백화점에서 일하는 한 종업원에게 노드스트롬에서 일하면서 다른 곳과 가장 다르다고 생각되는 점이 무엇인지 묻자, "상사요. 내 상사는 하루에 서너 번씩 나에게 와서는 도와줄 일이 없느냐고 묻는데, 그는 마치 나를 위해 일하는 사람 같아요"라고 대답했다 합니다. 이처럼 서번트 리더는 수시로 구성원들과 접촉하면서 그들이 겪는 어려움이 무엇인지, 도울 일이 있는지 살핍니다.

리더의 자리에 오르면 자신이 구성원에게 어떤 대접을 받을지 생각하기에 앞서 아래의 질문들을 해야 합니다.

무엇을 어떻게 섬길 것인가

서번트 리더십이라는 개념은 1970년대 초반 로버트 그린리프라는 학자에 의해 헤르만 헤세의 《동방으로부터의 여행》이라는 소설의 주인공인 레오 이야기를 통해 처음 세상에 알려졌습니다. 레오는 순례자 집단의 서번트, 즉 하인으로서 그들을 따라 함께 여행합니다. 레오는 여행길에서 순례자들의 모든 일을 보살피며, 하찮은 일을 도맡아 할 뿐만 아니라 순례자들의 지친 영혼을 위로하기도 합니다. 사람들의 불평이나 하소연을 마다하지 않고 들어주며, 순례자들이 이상을 잃지 않게 돕습니다. 이 소설에서 레오는 순례자들이 여행에 차질이 없게 헌신적으로 봉사합니다. 이런 까닭에 레오와 함께하는 동방으로의 여행은 순조로웠습니다. 그러던 어느 날 주인공 레오가 순례집단에서 갑자기 사라져버립니다. 그동안 레오는 한낱 서번트에 불과했기에 순례자들은 그의 존재를 거의 느끼지 못했으나, 레오가 사라진 순간부터 순례자들은 큰 혼란에 휩싸입니다. 그들은 방향을 잃고 헤매게 되었으며 결국 여행은 엉망이 되어버립니다. 레오는 그들에게 물질적 필요를 제공해주는 하인이었을 뿐만 아니라 순례자들의 지친 영혼이 쉴 수 있는 쉼터이자 가야 할 방향을 안내하는 방향키였던 것입니다. 순례자들은 이제 동방으로의 여행이 아니라 레오를 찾는 여행을 시작합니다. 몇 년을 헤맨 끝에 그들은 레오를 찾았는데, 레오는 다름 아닌 교단의 최고책임자이자 존경받는 정신적 지도자였습니다. 레오는 진심으로 타인에게 봉사했고, 그렇게 모두에게 바람직한 영향력을 끼치고 순례자들의 생각과 마음가짐 전체를 긍정적으로 변화시켰던 것입니다.

서번트 리더십은 이처럼 매우 훌륭한 개념입니다. 분명코 미래형 리더십이라 할 수 있습니다. 그렇지만 아직 구체적으로 어떻게 해야 한다는 실용적 툴이 많이 개발되지는 않았습니다.

서번트 리더는 구성원들이 맡은 임무를 성공적으로 수행하고 성장하게끔 섬기고 봉사하며 그들의 어려움을 먼저 나서서 해결하는 역할을 하게 됩니다. 또한 해당 조직의 사명과 미션이 제대로 수행되게끔 헌신하는 것도 서번트 리더의 주요한 역할입니다.

리더가 군림하지 않고 봉사하면 많은 부수효과를 가져옵니다. 그중에서도 팀원들이 리더를 심정적으로 가까이 여기게 되는 것은 그 파급효과가 실로 대단합니다.

우리나라에 GWP^great work place (일하기 좋은 기업) 개념을 최초로 도입한 이관응 박사는 '켈의 법칙^kel's law'을 발표한 적이 있습니다. 상사와 팀원의 지위가 벌어질수록 그 둘 사이의 심리적 거리는 지위 차이의 두제곱으로 벌어진다는 내용입니다. 예를 들어 사원, 대리, 과장, 차장, 부장으로 직급이 구성된다면, 사원과 부장은 4단계의 직급 차이가 납니다. 그런데 이 둘 사이의 심리적 거리는 2의 4제곱, 즉 16배의 거리감이 있다는 것입니다. 과학적 증명 여부를 떠나서 매우 큰 시사점을 주는 주장임에 틀림없습니다.

"나는 사람들이 나에 대해 문제를 제기하고, 내가 틀렸을 때 지적해주는 것을 좋아한다. 내 문제를 지적해준 사람들이 없었더라면 나는 무수한 실수를 저지르고 오판을 내렸을 것이다. CEO에게 도전하는 직원의 말은 잘 새겨들어야 한다. 왜냐하면 최고경영자에게 문제를 제기할 정도라면 그냥 가볍게 하는 말이 결코 아닐 것이기 때문이다.”

세서미 스트리트의 제작자인 조엔 간츠 쿠니의 이야기입니다. 실제로 많은 조사에 따르면 회사나 사장이 잘못된 의사결정을 한 줄 빤히 알면서도 대부분의 직원이 그 실수를 지적하지 못한다고 합니다. 20여 년간 계속된 조사 결과 수백 명의 관리자 중 70퍼센트가 보스의 일이 실패하리라는 것을 알면서도 피드백이나 충고를 하지 못했다는 연구 결과도 있습니다.

그만큼 직원과 상사, 사장 사이의 심리적 거리가 멀다는 것을 알 수 있습니다. 이런 문제를 해결하기 위해 항상 반대의견을 제시할 수 있는 ‘악마의 주창자’나 ‘레드 팀’을 운영하는 회사도 꽤 많습니다. 세계적 컨설팅 회사인 맥킨지에서는 반대의견을 제시하는 것을 의무로 삼고 있기도 합니다.

이와 관련해서 우리 팀장들에게 자주 강조하는 말이 있습니다.

“팀원이 여러분 의견에 반대하는 의견을 제시하거나 팀장이 인식하지 못하는 큰 문제가 있다는 말을 했을 때, 여러분이 바쁜 상황이라면 한 번은 무시하고 흘려들을 수 있지만, 만약 같은 직원이 같은 이야기를 두 번 하면 만사 제쳐놓고 그 문제부터 해결하세요.”

직원들이 자칫 불이익을 당할 줄 알면서도 같은 이야기를 두 번 이상 한다는 것은 매우 심각한 문제가 발생했을 가능성이 높고, 또 그런 위험에도 불구하고 재차 문제를 제기하는 것은 회사를 그만둘 수 있다는 용기 없이는 불가능하다는 것을 잘 알기 때문입니다.

만약 리더가 섬기는 자세로 직원들의 말을 경청하고 인간적으로 살갑게 대하면 직원들은 회사에 좋지 않은 일이 일어났을 때 (다른 회사 같으면 사장이 듣고 불같이 화낼 것 같은 이야기도) 거리낌 없이 쉽게 말할 수 있습니다. 그렇게 되면 조직이 건강해지며, 위험에 빠지지 않고 오랫동안 성장할 수 있는 토대가 마련되었다고 할 수 있습니다. 이는 섬기고 봉사하는 리더십의 부수효과입니다.

섬김 영역

다음은 1994년 경영자의 날에 직원들이 개인 돈을 갹출해서 미국 일간지 《USA투데이》 한 면 전체에 걸쳐 허브 켈러허에게 보낸 신문광고의 내용이다.

우리의 이름을 모두 기억해주시고, 로널드 맥도날드 하우스를 지원해주시고, 추수감사절에 선물을 주시고, 모든 사람에게 키스를 해주시고, 이야기를 들어주시고, 이윤이 남는 항공회사로 키워주시고, 휴일 파티에 노래를 불러주시고…… 보스가 아니라 친구가 되어주신 것에 대해 16,000명의 임직원 모두는 경영자의 날을 맞아 미스터 허브에게 진심 어린 감사를 드립니다.

다음 중 허브 켈러허가 이끄는 회사는?

① 버진 애틀랜틱 항공

② 대한항공

③ 사우스웨스트 항공

④ 에어캐나다

⑤ 유나이티드항공

답은 ③번이다. 이 광고의 주인공은 1967년 변호사 출신으로 사우스웨스트 항공을 설립한 허브 켈러허다. 그는 설립 초기에 자금난, 법률 분쟁 등으로 고초를 겪었지만, 곧 그만의 뚝심 있는 경영으로 사우스웨스트를 세계 유수의 항공사 반열에 올리며 45년 연속 흑자를 내고 있다. 2016년에는 무려 1억 5,180만 명을 수송하며 수송실적 1위를 차지했다. 어디 그뿐인가. 미국《포브스》에서 선정한 '종업원들이 느끼는 최고 기업 순위'에서는 전체 500개 기업 가운데 8위를 차지하기도 했으니, 안팎이 모두 건강한 이상적인 기업이라 할 수 있다. 여기서 설립자 허브 켈러허의 철학에서 비롯된 경영 방식이 빛을 발한다. 바로 '직원 사랑'과 '정체성'이다. 자신을 소중히 여기는 회사라면 스스로 즐겁게 일하지 않을 직원은 없을 것이다. "리더십이란 하인 노릇 하기라고 말하고 싶군요. 뛰어난 리더는 동시에 훌륭한 추종자여야 한다고 생각합니다. 또한 직원들을 위해 기꺼이 위험을 감수해야 합니다. 직원들을 위해 싸우려 하지 않는다면 그들 역시 당신을 위해 싸우지 않을 겁니다"라는 허브 켈러허의 말이 공허하게 들리지 않는다.

이처럼 가슴으로 다른 사람들을 이끄는 리더가 바로 서번트 리더다.

CHAPTER 7

회사에도
'체온'이 있다

신뢰는 리더나 조직이 가질 수 있는 가장 강력한 도구인데,
얼마나 큰 신뢰를 얻을 수 있는가는
자신을 얼마나 비울 수 있는가에 정비례한다.
모든 것은 내가 나의 이익을 묻어두고
진심으로 회사의 사명과 다른 이들의 이익을
앞세울 수 있느냐에 전적으로 달려 있었다.

| 어거스트 투랙, 《수도원에 간 CEO》 중에서 |

　　　　　탁월한 리더는 성과로 말합니다. 탁월한 성과를 창출하려면 때로는 남들이 하기 싫어하는 일, 보통 사람들은 상상하지 못하는 일, 매우 위험하고 불확실한 일도 해야 합니다. 모두가 싫어하는 변화와 혁신을 강력하게 추진해야 할 때도 있습니다. 평상시에 리더와 구성원 간에 신뢰 관계가 튼튼하게 구축되어 있으면 구성원들은 리더를 믿고 위험하거나 하기 싫은 일에도 과감하게 나섭니다. 그 사람이 나를 위험에서 구해 줄 수 있다는 믿음, 나를 배신하지 않으리라는 믿음이 있을 때 구성원은 일일이 계산하지 않고 리더가 이끄는 대로 따르고, 조직의 성공을 위해 헌신하게 됩니다. 신뢰야말로 리더십과 탁월한 성과를 창출하는 연료입니다.

　리더는 평상시에 바람직한 영향력을 발휘하여 구성원들에게 지속적으로 신뢰를 쌓아나가야 합니다. 신뢰를 쌓는 데에는 오랜 시간이 걸리지만, 신뢰를 잃는 일은 한순간에도 일어날 수 있습니다.

신뢰는 리더의 인품에서 비롯됩니다. 리더가 고결한 인격, 정직성, 도덕성, 겸손, 솔선수범, 책임감을 보이면 구성원들은 신뢰로 답합니다. 인간에 대한 존중, 특히 약자에 대한 깊은 이해와 배려를 보이는 리더라면 더욱 믿고 따르게 됩니다.

이처럼 리더십은 사람의 마음을 사는 것입니다. 막스 베버는 "사람들이 리더에게 복종하는 이유는 전통이나 법 때문이 아니라 그를 믿기 때문이다"라고 말했습니다.

신뢰계좌를 쌓아라

'감정계좌'라는 개념이 있습니다. 은행계좌를 연상하면 쉽게 이해할 수 있습니다. 우리는 은행에 계좌를 만들어 예금도 하고 인출도 합니다. 예금이 인출보다 많으면 늘 든든할 것입니다. 만약에 예금보다 더 많이 인출해서 마이너스 잔고가 되면 좌불안석인 상태가 되겠지요. 감정계좌란 인간관계에서 구축하는 신뢰의 정도를 은행계좌에 빗대어 은유적으로 표현한 것입니다. 다시 말해 나와 다른 사람 간에 가지는 정서적 안정감 상태라 할 수 있습니다.

감정계좌를 신뢰계좌로 바꿔서 이해해도 됩니다. 만약 내가 다른 사람에 대해 공손하고, 늘 겸손하고 친절하며, 정직하고 약속을 지킨다면 감정(신뢰)을 저축하는 셈이 됩니다. 그렇게 되면 나에 대한 상대방의 신뢰가 두터워지기 때문에, 나는 필요할 때마다 그 신뢰에 의지할 수 있습니다. 만약 한두 번 실수를 하더라도 신뢰 수준이 높다면 그것이 실수를 상쇄할 수 있습니다. 이처럼 신뢰의 정도가 높아지면, 즉 신뢰계좌의 잔고가 커지면 의사소통이 쉽고, 즉각적이며 효과적으로 이루어집니다. 그러나 다른 사람들에게 불친절하고 무례하게 대하고, 말을 끊거나 막고, 과민반응하고, 무시하고, 약속을 지키지 않으며 독단적이고, 잘난 체를 한다면 그 사람과의 관계에서 나의 신뢰계좌는 바닥이 나거나 적자 상태가 됩니다. 이렇게 되면 여유와 융통성을 가지기 힘들고, 마치 지뢰밭을 걷는 듯 말을 할 때마다 사소한 것까지 모두 조심해야 합니다. 다른 사람을 대할 때에는 늘 긴장해서 말 한마디도 방어적으로 하게 됩니다. 어려운 일에 동참하라고 설득하는 것은 아예 불가능할 수도 있습니다.

리더는 팀원 각자와의 신뢰계좌에서 자신의 행동 하나하나, 말

한마디 한마디에 따라 그 계좌의 잔고가 올라갈 수도 있고 내려갈 수도 있다는 사실을 인지해야 합니다. 신뢰계좌의 잔고가 낮거나 마이너스인 경우라면 리더십은 제대로 작동하지 않습니다. 당장 필요하다고 해서 신뢰계좌의 잔고가 저절로 올라가지는 않습니다. 따라서 미래를 위해 미리 저축하는 것처럼, 언제든 보다 큰일에 쓸 수 있게 미리 신뢰계좌의 잔고를 높여놓아야 합니다. 어떤 행동과 말이 신뢰계좌의 잔고를 높이고 어떤 행동과 말이 잔고를 낮추는지, 정확히 알고 예민하게 대응할 수 있어야 합니다.

신뢰계좌를 채우려면 어떻게 해야 할까요? 약간의 친절을 베풀 수도 있습니다. 또한 상대방을 진정으로 이해하기 위해 사소한 관심을 보이는 노력만으로도 계좌에는 잔고가 쌓일 것입니다. 사소해 보일지라도 칭찬을 생활화하고 경청하고 감사를 표하는 행위, 언행일치를 한다면 신뢰계좌의 잔고는 지속적으로 늘어나게 되어 있습니다. 겸손, 책임, 정직, 성실, 배려, 솔선수범 등은 신뢰계좌 잔고를 올리는 대표적인 행동이며 반대로 작은 불손, 불친절, 약속 위반, 무례, 무시, 부정직 등은 신뢰계좌에서 막대한 인출을 불러옵니다.

이처럼 진심에서 우러난 예입을 계속하면, 신뢰가 싹트고 점점 더 강해집니다. 당연히 다른 사람들과의 관계가 몰라보게 좋아집니다. 다른 사람들에 대한 영향력도 커지고, 그만큼 리더로서의 역할을 제대로 할 수 있게 됩니다.

인성과 성품은 리더십의 시작이자 끝

《인격의 힘》의 저자인 론 시몬스는 수많은 기업의 대표들과 어떤 집단이든 성공으로 이끌 수 있는 올바른 방법에 대해 많은 이야기를 나누면서 깨닫게 된 점에 대해 이렇게 기술합니다.

"리더십에 대한 토론은 반드시 능력과 경쟁에 대한 이야기로 시작되지만, 반드시 한 개인의 인격과 성실성에 대한 이야기로 끝난다. 기업이 최고의 수익률을 내고 있다고 해도 경영자는 훌륭하지 못한 리더일 수 있고, 성공적인 미래를 보장받지 못할 수도 있다. 그런 기업과는 다르게 강한 생존력과 최저의 이직률과 근면함을 자랑하는 직원이 종사하는 성공적인 기업들은 분명히 눈에 보이지 않는 무언가를 갖고 있다."

인성에 문제가 있는 사람들은 본인의 이익을 위해 조직과 동료에 해를 끼친다는 공통점이 있습니다. 인성에 문제가 있는 직원들이 팀에 합류할 경우 팀이 하나가 되지 못하고 분열의 길로 들어서는 경우가 많습니다. 팀 내 갈등의 주요 요인이 되는 것도 이들입니다. 더 큰 문제는 인성이 결코 쉽게 바뀌지 않는다는 것입니다.

유일한 해결책은 채용 시에 인성에 문제가 있는 이들을 제대로 걸러내는 것입니다. 그러나 이는 결코 쉽지 않은 일이지요. 그래서 요즘 들어 많은 기업이 활용하는 평판 조회는 반드시 필요합니다. 저희 휴넷은 이런 문제를 해결하기 위해 '베이직'이라는 이름으로 3개월간의 시용기간을 둡니다. 이 기간은 채용 실패를 만회할 수 있는 마지막 기회라고 생각합니다. 해당 기간 동안의 평가를 통해 인성에 문제가 있는 사람은 반드시 걸러내게끔 노력하는 중입니다. 예를 들어 그냥 뭉뚱그려 점수를 매기는 방식이 아니라 최종 잔류 여부를 평가하는 평가표에 '이 사람의 인성은 훌륭한가?' '팀워크에 도움이 되는가?' '겸손한가?' '정직한가?'와 같은 구체적인 질문을 넣고, 하나하나 엄밀하게 평가하여 문제가 있는 신입 직원을 걸러내게 합니다.

일반 직원들의 인성도 이렇게 중요할진대 리더의 경우는 더 말할 필요가 없습니다. 리더가 인성과 성품, 인격에 문제가 있을 때 그 리더는 조직을 황폐화시킵니다. 구성원들은 겉으로는 리더를 따르는 척하지만 마음속으로는 따르지 않으며, 여건이 되면 언제든 그 조직을 떠나려고 준비하게 됩니다. 따라서 우수한 인재들부터 탈출 러시가 시작됩니다.

결국 인격과 성품이 뒷받침되지 않는 리더십이란 존재할 수 없습니다. 이미 리더의 자리에 있는 사람은 물론이고 리더의 자리를 꿈꾸는 사람이라면 모두 매일 인격을 수양하는 자세로 세상을 살아가야 합니다. 저는 매년 말 새해 계획을 세울 때 제일 먼저 '인격수양'이라는 네 글자를 적습니다. 그리고 그 글씨를 연간 계획표와 함께 책상 앞에 크게 붙여놓고 매일 보면서 조금이라도 더 나은 사람이 되기 위해 노력합니다.

리더가 필수적으로 갖추어야 하는 성품은 다음과 같습니다.

첫째, 이타심입니다. 자신의 이익을 우선적으로 챙기는 사람은 결코 리더의 자리에 올라서는 안 됩니다. 리더의 자리에 올랐다는 것은 이미 자신의 사사로운 이익을 추구하기보다 조직의 이익, 그리고 구성원의 이익을 먼저 챙기겠다고 다짐한 것과 같기 때문입니다.

둘째, 겸손입니다. 권력을 가지게 되면 누구나 권력에 취하게 되는 것이 인간의 본성입니다. 견제할 사람이 없고 주변에 아부하는 사람이 늘어나면 리더는 어느 순간 자신이 무엇이든 할 수 있는 능력을 갖췄다고 착각하게 됩니다. 그러나 제대로 된 리더의 역할을 다하기 위해서는 스스로 자신의 오만과 자만심을 누를 수 있는 겸손이 절대적으로 필요합니다. '하늘의 도는 자만하는 자를 멸하고 겸허한 자를 이롭게 하며, 땅의 도는 자만한 자를 어지럽히고 겸허한 자에게 순응한다. 귀신은 자만한 자를 해치고 겸허한 자에게 복을 내리며, 사람은 자만한 자를 싫어하고 겸허한 자를 좋아한다.' 이는 《주역》의 가르침입니다. 짐 콜린스는 명저《좋은 기업을 넘어 위대한 기업으로》에서 위대한 리더의 필수 요소로 겸손을 꼽으면서 "훌륭한 리더는 회사가 성공했을 때에는 거울이 아니라 창문 밖을 내다보며 다른 사람들과 외부 요인들, 행운에 찬사를 돌린다. 그래야 오래간다. 비길 데 없는 겸손함을 보이며 대중 앞에 나서서 떠벌리기를 꺼린다. 제 자랑을 늘어놓는 법이 없다. 수줍음을 타고 조용하고 차분하게 결정하여 행동한다. 그들은 결과가 나쁠 때는 창문 밖이 아니라 거울을 들여다보며 자신에게 책임을 돌리고, 다른 사람들이나 외부 요인, 불운을 원망하지 않는다"라고 밝히고 있습니다.

겸손은 끝없는 발전을 불러오며, 겸손한 사람들은 자신보다 못한 사람들도 존중할 줄 압니다. 반면 겸손하지 않은 리더는 오래가지 못합니다. 특히 에고^{ego}가 강한 사람, 즉 자기만 잘났다고 생각하는 사람은 훌륭한 리더로 성장할 수 없습니다. 일을 잘하는 사람 중에는 에고가 강한 사람이 의외로 많습니다. 그런데 에고가 강한 사람은 자신이 모든 공을 독차지하려고 하거나 다른 사람들의 자존감을 짓밟을 가능성이 매우 큽니다. 일을 잘하는 것과 인성이 좋은 것은 전혀 다른 문제이며, 일을 잘하는 것과 리더십과는 전혀 관계가 없습니다.

훌륭한 인격을 갖춘 리더는 공은 부하에게 돌리고 책임은 스스로 질 줄 아는 리더입니다. 쥘 오르몽은 "위대한 리더는 책임을 질 때를 제외하고는 어떤 경우에도 그의 추종자들보다 자신을 더 높은 곳에 두지 않는다"라고 말했습니다. 리더로서 모든 책임을 떠맡았을 때, 구성원들이 그에게 보내는 신뢰의 영향력은 그 비용을 뛰어넘을 정도로 큽니다. 어려울 때 책임지는 모습을 보인다면 바람직한 영향력, 즉 리더십은 자연스럽게 따라오게 됩니다.

사람의 인품을 이야기할 때 흔히 그릇에 빗대어 말합니다. "그 사람은 그릇이 크다"라고 할 때의 진정한 의미는 무엇일까요? 그릇이 크다는 것은 많은 것을 품을 수 있다는 뜻을 내포합니다. 많은 것을 품는다는 것은 자신과 비슷하고 동질적인 것도 담지만, 자기와 다르고 이질적인 것도 담을 수 있다는 의미입니다. 리더는 자신과 같은 것, 좋아하는 것만 품어서는 안 됩니다. 자기와 다른 것, 심지어는 싫어하는 것까지도 담을 수 있는 포용력을 갖춰야 합니다.

"태산은 흙과 돌의 좋고 나쁨을 가리지 않고 다 받아들였기 때문에 그 높음을 이루었고, 양쯔강이나 넓은 바다는 작은 시냇물도 버리지 않았기 때문에 저토록 넉넉해진 것이다."

《한비자》에 나오는 이야기입니다. 태산은 한 줌의 흙이라도 사양하지 않습니다. 내 맘에 쏙 드는 사람들로만 조직을 구성하면 큰 규모의 성장을 이루기 힘듭니다.

'대기만성大器晚成'이라는 말이 있습니다. 흔히 이 말을 '큰 그릇은 늦게 이루어진다'라고 해석합니다. 그러나 늦을 만晚 자는 한편으로는 이루기 어렵다는 의미로 해석되기도 합니다. 즉 '큰 그릇은 이루어지지 않는다'라고 해석할 수도 있습니다. 큰 그릇은 완성되지 않고 끊임없이 커지면서 점점 더 많은 것을 품는다는 뜻입니다.

리더의 그릇은 그만큼 커야 합니다. 나와 다른 것을 아무리 많이 품어도 다 채워지지 않을 정도로 다양성을 포용할 수 있는 큰 그릇을 만들어가는 것이 필요합니다.

정리해볼까요. 자기중심적인 것, 단기적 관점만 지니는 것, 물질적인 가치만 중시하는 것, 동질성만 강조하는 것은 리더의 성품으로서는 맞지 않습니다. 나 대신 타인과 공동체를 먼저 생각하는 이타심, 단기적 관점보다는 장기적으로 옳은 일을 추구하는 관점, 나와 다른 이질적인 것들을 포용할 수 있는 자세, 물질보다는 정신적 가치를 추구하는 것, 또 말과 행동이 들어맞는 언행일치의 모습을 추구할 때 올바른 성품을 가진 리더로 성장할 수 있습니다. 사람들은 그런 리더를 존경하며, 마음을 주고 신뢰하고 따르게 됩니다.

정직과 도덕성

세계적인 역사학자 폴 케네디는 《강대국의 흥망》에서 21세기의 기업가나 정치가는 성직자에 준하는 고도의 도덕성을 가져야 하며, 경영자의 도덕성이 기업의 성패를 좌우한다고 주장했습니다. 리더십은 조직 구성원들에게 바람직한 영향력을 행사함으로써 탁월한 성과를 창출해나가는 끝없는 과정입니다. 리더가 고고한 인격과 도덕성을 갖추고 있을 때 구성원들은 존경과 신뢰로 보답합니다.

그렇다면 조직 구성원들에게 신뢰받는 리더는 어떤 특징을 가지고 있을까요? 이에 대해 제임스 쿠제스 교수가 4개 대륙(아시아, 아메리카, 유럽, 호주)의 2만 명을 대상으로 연구한 결과에 따르면 정직, 능력, 비전, 용기, 상상력, 결단, 포용력 등 20여 가지의 특징 중에서 88퍼센트의 사람들(2만 명 중 1만 7,600명, 복수 선택)이 '정직성'을 선택했다고 합니다. 즉 대부분의 조직 구성원이 '정직한 리더'를 가장 존경하는 것으로 나타난 것입니다. 열 명 중 아홉 명의 사람들이 리더로서 존경받기 위해서는 해당 업무에 대한 지식보다 정직이 더 중요하다고 꼽은 것은 다른 사람들을 이끌고 조직을 책임지는 데 있어 가장 중요한 기준 요소가 도덕성임을 드러냅니다. 이러한 도덕성은 리더들이 평소에 하는 말과 행동에서 드러나며, 이를 통해 구성원들은 리더를 평가하게 됩니다.

심리학자 로버트슨에 의하면 사람은 누구나 권력을 얻으면 시야가 좁아진다고 합니다. 자신이 모든 것을 통제할 수 있다는 착각에 빠지고, 자신은 법과 도덕을 초월한 존재라고 생각합니다. 옳지 않은 일이지만 해도 될 것 같은 생각이 들고, 스스로 자신을 용서하게 됩니다. 처음이 어렵지, 한두 번 하다 보면 무감각해지는 것이 일반적입니다. 다른 사람보다 더 정직하고 더 도덕적이어야 하지만, 리더들은 자기도 모르게 무장해제될 위험에 빠집니다. 그렇기에 리더는 스스로 경계를 게을리하지 말고, 자신을 견

	1995년 조사	1987년 조사
정직한 리더	88	83
앞일을 생각하는 리더	75	62
용기를 주는 리더	68	58
능력 있는 리더	63	67
공정한 마음을 가진 리더	49	40
지원하는 리더	41	32
포용력 있는 리더	40	37
영리한 리더	40	43
솔직한 리더	33	34
의존적인 리더	32	32
용기 있는 리더	29	27
협력적인 리더	28	25
상상력이 풍부한 리더	28	34
봉사하는 리더	23	26
결연한 리더	17	20
신중한 리더	13	23
야망 있는 리더	13	21
성실한 리더	11	11
자제력 있는 리더	5	13
독립적인 리더	5	10

존경받는 리더의 특징 단위 : 퍼센트(%)

제할 수 있는 장치를 마련하려고 노력해야 합니다.

우리는 근면과 성실이라는 단어를 종종 붙여서 사용하다 보니 성실을 근면과 같은 개념으로 이해하는 경우가 많습니다. 성실을 뜻하는 영어단어 integrity는 '정직성'이라고도 번역됩니다. 저는 진정한 성실이란 남이 보지 않을 때도 자기를 속이지 않는 것이라고 생각합니다. 남들에게 한 약속은 지켜보는 눈을 의식해서 지킬 가능성이 상대적으로 더 높습니다. 그러나 남들이 모르는 상태, 아무도 지켜보는 사람이 없는 상태에서 스스로 한 약속을 지키는 일은 매우 어렵습니다. 그것이 바로 성실입니다. 신독愼獨이라는 개념도 마찬가지 뜻입니다. 남이 보지 않을 때 스스로 경계할 수 있는 삶을 살아가게끔 늘 채찍질하는 리더가 진정한 리더라 할 수 있습니다. 스스로 엄격하게 경계하는 도덕적 리더의 모범 사례로 변대규 휴맥스 회장을 들 수 있습니다. 변 회장은 이렇게 말했습니다.

"가끔은 퇴근할 때쯤 간단히 한잔하고 싶을 때가 있다. 그럴 때는 사무실에 있는 리더급 멤버들에게 한잔하자고 제안하기도 한다. 술자리에서 회사 이야기도 하고 사사로운 이야기를 나누기도 한다. 만약에 이 경우 처음부터 회사 업무를 위한 공적인 자리가 아니라면 팀원들과 식사를 하더라도 반드시 개인 카드로 결제한다. 내가 술을 한잔하고 싶어서 직원들과 함께한 자리라 회사 경비로 쓸 수가 없다."

무릇 리더라면, 달콤한 권력에 취하는 대신 실제로 지키지는 못하더라도 윤동주 시인의 '하늘을 우러러 한 점 부끄러움이 없기를'이라는 시구를 늘 가슴에 새기면서 살아가야 할 것입니다. 다음은 벤틀리 컬리지의 비즈니스 윤리 센터에서 제안한 기준입니다. 자기 나름대로 도덕성을 지킬 기준을 미리 설정해놓고 스스로 자문자답할 수 있으면 좋겠다는 생각에서 공유합니다.

그것이 옳은가?

그것은 공정한가?

누가 불이익을 당하게 되는가?

당신의 회사 이메일로 혹은 신문의 주요 면에 당신이 결정한 세부 내용들이 알려지거나 보도되는 상황에서도 당신은 편안함을 느낄 수 있는가?

당신이 소중히 여기는 사람에게 그것을 하라고 할 수 있는가?

뭔가 부정한 일이 개입될 것 같다는 낌새를 느끼지 않는가?

여러 리더를 만나다 보면 간혹 특별히 인간관계를 잘 맺는 사람들을 보게 됩니다. 장인수 전 OB맥주 부회장이 대표적인 분입니다. 장 부회장은 사람의 마음을 사는 데 도사(?)입니다. 장 부회장은 잘 모르는 사람과 식사할 때 그 사람의 젓가락이 어디를 주로 향하는지를 주의 깊게 살펴본다고 합니다. 예를 들어 처음 본 거래처 사장이 젓갈을 좋아하면 다음 날 직접 젓갈 산지에 전화해서 가장 좋은 젓갈을 구입해 그 사장님 댁에 보낸다고 합니다. 그렇게 큰돈이 들어가는 일은 아닙니다. 만약 내가 그 당사자라고 생각하면, 그런 세심한 배려에 마음을 빼앗기는 것은 당연한 일일 것입니다.

리더십은 사람의 마음을 사는 일입니다. 물론 신뢰를 형성하는 기본은 인성과 능력에서 비롯됩니다. 정직하고 도덕적인 사람, 언행이 일치하는 사람, 다른 이를 존중하는 사람, 어려운 사람을 돌보는 사람, 자신의 이익보다는 이타적인 마음으로 항상 남을 위해서 생각하고 이웃 사랑을 실천하는 사람……. 이런 사람은 많은 사람에게 신뢰를 얻게 됩니다. 또한 능력이 있고 미래에 대한 통찰력이 있는 사람, 문제 해결을 잘 해주는 사람, 얽힌 문제를 잘 풀어주는 사람 역시 믿음과 신뢰를 얻게 됩니다.

신뢰 확보의 기본은 그 사람의 됨됨이와 능력이지만 이것만으로는 신뢰를 모두 설명할 수 없습니다. 그 사람이 얼마나 인간적인지, 그리고 나에게 얼마나 잘해주는지 등을 통해 형성되는 인간관계 역시 신뢰를 확보하는 데 절대적으로 중요합니다. 물론 관계만 잘 맺는다고 신뢰가 형성되지는 않습니다. 인성이 갖춰지지 않은 상태에서 인간관계를 너무 매끄럽게 해나가는 사람은 결국 시간이 지나면서 점차 그 사람의 본색이 드러나게 되고, 서서히 신뢰에 금이 가게 됩니다. 성품과 실력이라는 튼튼한 기초 위에 인간관계의 스킬이 결합되어야만 강한 신뢰 관계를 형성할 수 있습니다.

저는 인간관계에도 일종의 스킬, 즉 기술이 필요하다고 늘 주장합니다. 기술이란 사전적 의미로 '사물을 잘 다룰 수 있는 방법이나 능력'을 뜻합니다. 사람을 다루는 기술이라는 말은 좀 어색하기는 하지만, 그 본질은 같다고 생각합니다. 기술이란 어떤 것의 중요성(필요성)을 깨닫고 그 방법을 배워서 숙달될 때까지 갈고닦으면 어느새 몸에 배는 것입니다. 인간관계도 마찬가지입니다. 인간관계의 중요성을 자각하고 인간관계를 잘 다루는 방법에 대해 학습하고 머리로 이해한 다음 실제 사람들과의 관계에서 배운 것을 실천하다 보면, 결과적으로 인간관계를 잘 맺는 사람으로 인식될 것입니다.

리더십에 있어서는 인간관계를 잘 맺는 것이 더욱 중요합니다. 나폴레온 힐은 성공한 사람들의 85퍼센트는 인간관계 능력으로 성공했다고 주장하기도 합니다.

성공에는 두 가지가 있습니다. 자신의 능력으로 성공한 경우와 다른 사람과의 관계 덕에 성공하는 경우입니다. 그런데 이 두 가지가 모두 성공에 미치는 영향이 반반씩이라고 가정해볼까요? 능력을 키우는 일과 인간관계를 개선하는 일, 어느 쪽이 더 쉬울까요? 우리는 자신의 능력을 키우기 위해서 초등학교 때부터 대학 졸업 때까지, 그리고 졸업 이후에도 평생 노력해야 합니다. 그렇게 많은 노력과 투자를 하는데도 경쟁력을 갖추기가 결코 쉽지 않습니다. 그런데 인간관계의 기술을 키우기 위한 노력은 상대적으로 소홀히 합니다. 만약 자신의 능력을 키우기 위해 들이는 시간만큼 인간관계 스킬을 키우기 위해서도 노력한다면 누구나 인간관계의 달인으로 인정받을 수 있을 것입니다. 더 적은 투자로 더 많은 효과를 볼 수 있는데도 그 중요성을 깨닫지 못해 많은 노력을 기울이지 않는 것이 안타깝습니다.

혹자는 '나는 원래 그런 사람'이라고 말합니다. '나는 원래 내성적인 사람'이고, '나는 원래 남 눈치를 보기보다는 내가 하고 싶은 대로 하는 사람'이라고 말이지요. 하지만 자신은 원래 그렇다고 말하는 것은 자기의 성격이나 인간관계 능력에 대해서 발전시키려는 노력을 조금도 하지 않겠다는 선언이라고 봐도 무방할 것입니다. 그렇게 말하는 사람들은 관계 역량이 떨어지고, 인생에서의 성공 가능성도 떨어질 수밖에 없습니다. 더군다나 다른 사람을 통해 성과를 창출하는 것을 기본으로 하는 리더에게는 인간관계 역량을 향상시키기 위한 투자가 절대적으로 필요합니다.

저는 원래 칭찬을 잘 못 하는 사람이었습니다. 예전에는 내성적인 성향이었고, 다른 사람을 칭찬하는 것이 매우 어색하게 느껴졌으며, 나름대로 눈높이가 높아서 직원들이 성에 차지 않아, 늘 불만을 품고 있었던 것도 사실입니다.

2000년대 초반, 제가 리더십을 처음 공부할 당시의 사회적 화두는 칭찬이었습니다. 당시 베스트셀러였던 《칭찬은 고래도 춤추게 한다》부터 시작해서, 소위 '칭찬 붐'이 한창 불었습니다. '칭찬은 귀로 먹는 보약이다. 나는 칭찬만 듣고도 몇 달을 살아갈 수 있다'와 같은 칭찬 예찬도 많이 접하게 되었습니다.

그래서 결심했습니다. '나는 원래 칭찬을 잘 못하지만 칭찬 스킬을 배워 칭찬 잘하는 리더로 변신하자고, 그래서 직원들하고 관계를 개선해보자'고 말이지요.

마음을 바꾸고 나니 칭찬이 그렇게 어렵지만은 않다는 생각이 들었습니다. 이전에는 직원들의 부족한 점만 주로 보였는데, 생각을 바꾸자 칭찬할 거리도 많이 보이기 시작했습니다. 그렇게 수개월간 의식적으로 칭찬하는 습관을 들이려고 노력하자, 점차 저는 칭찬 잘하는 리더로 바뀌었고 직원들과의 관계도 좋아졌습니다. 당시는 휴넷 직원이 30명 정도 되던 시기였습니다. 직원들과 함께한 워크숍에서 갑자기 한 직원이 "사장님, 사장님이 요즘 칭찬을 많이 해줘서 기분이 좋습니다. 그런데 칭찬을 너무 자주 듣다 보니 사장님이 칭찬하는 높은 기대 수준에 맞춰 더 잘하려고 하게 되어서 요즘 힘이 많이 듭니다"라고 갑자기 원망 섞인 이야기를 꺼냈습니다. 그러자 또 다른 직원이 "사장님이 칭찬을 많이 해주시지만 칭찬을 위한 칭찬처럼 들리고, 영혼 없이 칭찬하는 것 같습니다"라고 동조했습니다. 그래서 저는 "그러면 칭찬을 하지 말까요?"라고 되물었습니다. 그런데 그 순간 직원들이 이구동성으로 "그래도 계속 칭찬해주세요"라고 해서 한바탕 크게 웃었던 기억이 새롭습니다.

칭찬에도 스킬이 필요합니다. 칭찬을 잘하는 방법을 익힐 필요도 있습니다. 그러나 가장 중요한 것은 역시 늘 직원들의 강점을 찾고, 그것을 표현해주려는 의지와 노력 그 자체일 것입니다. 외국의 어느 유명 CEO는 직원들을 칭찬하는 습관을 들이기 위해서 매일 아침 출근할 때 바지 왼쪽 주머니에 동전을 세 개 집어넣고 왔다가 직원들에게 칭찬을 한 번 할 때마다 동전을 오른쪽 바지로 옮겨 담는다고 합니다. 그렇게 해서 반드시 모든 동전을 오른쪽으로 이동시키고 나서야 퇴근하는 것으로 정하고 칭찬 습관을 들였다는 일화가 있습니다.

긍정심리학의 대가이자 갤럽 회장이었던 도널드 클리프턴은 "놀랍게도 미국인의 65퍼센트가 지난 1년간 뛰어난 업무 성과를 올리고도 칭찬이나 인정을 받은 적이 한 번도 없다고 대답했다. 또한 지나치게 인정받아서 고민이 된다는 사람은 한 명도 만나지 못했다"고 밝혔습니다. 처음 이 내용을 책에서 접했을 때 비교적 칭찬을 많이 하는 서양 사회에서 이렇게 생각한다는 것이 몹시 의아했습니다. 곰곰이 생각해보고 나름의 답을 찾았습니다. 사람들은 누구나 자기 잘난 맛에 살아갑니다. 실제로 많은 연구조사가 이를 뒷받침하고 있습니다. 운전자들은 90퍼센트 가까이가 자신이 남들보다 운전을 잘한다고 대답할 정도입니다. 예를 들어 사람들은 자기 점수를 스스로 매겨보라 하면 보통 80점 정도로 답합니다. 대신 팀장들에게 평가하게 하면 객관적인 잣대로 해당 직원의 점수를 70점으로 매길 수 있습니다. 그런 상황에서 리더가 팀원을 칭찬한답시고 '당신은 75점이야'라고 이야기해주면 팀원은 당연히 기분이 나쁠 것입니다.

만약 리더가 70점 정도로 평가되는 팀원에게 85점 정도 된다고 이야기해주면 '우리 팀장(혹은 사장)이 드디어 나를 제대로 보기 시작했구나'라고 생각하며 비로소 칭찬을 받았다고 느낄 것입니다. 그래서 이왕 칭찬하려면 평가 점수보다 15퍼센트 정도 더해서 칭찬하라고 이야기합니다.

칭찬과 관련해서 주의해야 할 점이 있습니다. 리더들도 인간이기에, 타인의 칭찬에 목말라 하는 것은 같습니다. 그러나 리더가 칭찬을 구하는 것은 매우 위험한 일입니다. 리더는 자신이 팀원들의 칭찬과 아부를 구분할 줄 안다고 생각합니다. 그러나 칭찬에 목마르다 보면 어느 순간 칭찬과 아부를 구분하지 못하게 됩니다. 아부는 자신이 리더에게 잘 보이기 위한 의도에서 사실이 아닌 것도 좋게 꾸며서 이야기하는 것이고, 칭찬은 사심 없이 사실을 있는 그대로 상사에게 이야기해주는 것이라 생각합니다. 그러나 이 둘을 명확히 구분해내기는 결코 쉽지 않습니다. 자기한테 좋은 말을 하는 사람은 다 좋아 보이고, 어느 순간 아부도 칭찬으로 착각하게 됩니다. 자신들의 리더가 칭찬을 좋아한다고 직원들이 인식하면 그때부터 본격적으로 아부를 하게 됩니다. 따라서 리더는 칭찬을 바라서는 안 되며, 더 나아가 아부가 아니라 진정한 칭찬을 하는 사람에게도 더 이상 칭찬을 하지 못하도록 하는 적극적인 노력까지도 필요합니다. 우리 리더는 칭찬받는 것을 싫어한다고 소문이 날 정도가 되어야 합니다.

칭찬 이외에도 인간관계 개선을 위한 좋은 재료들이 있습니다. 바로 사람에 대한 존중과 배려, 따뜻한 미소와 감사의 말, 경청, 이름을 기억하고 불러주기 등입니다.

이 중에서 특히 경청은 매우 중요하지만, 결코 쉽지 않습니다. 리더가 마음을 다해 아랫사람의 이야기에 귀를 기울이면 직원들은 본인이 존중받는다고 생각합니다. 리더가 인사를 받으려고만 하지 말고 먼저 다가가서 웃으면서 인사하는 것도 직원들의 마음을 사는 방법입니다.

곤도 노부유키 일본레이저 사장은 "일본어 아이사쓰(挨拶·인사)의 아이(挨·애)는 마음을 연다는 의미다. 사쓰(拶·찰)는 상대방에게 다가가 품는다는 뜻이다. 따라서 인사는 권한을 더 가진 사장·임원·간부가 그렇지 못한 직원에게 마음을 열고 다가가는 것이다. 사장과 직원은 상하 관계가 아니라 서로 신뢰하고 존경하는 관계여야 한다"라고 말합니다. 아랫사람에게 대접을 받으려고 하는 대신 먼저 다가가 대접하면 진심 어린 존경과 사랑이 자연스럽게 따라옵니다. 인사도 마찬가지입니다. 리더는 인사를 받는 자리가 아니라 먼저 인사하는 자리라고 생각을 바꿔보면 어떨까요? 리더가 직원들의 이름을 기억하고 불러주는 것도 의외로 직원들이 좋아합니다. 한 사람이 이름을 기억하고 관리할 수 있는 범위span of control는 통상 60~70명이라고 합니다. 제 경우에는 회사 직원이 300명을 넘어가다 보니 모든 직원의 이름을 기억하는 것은 사실상 불가능합니다. 그래도 저는 직원의 이름을 기억하려고, 팀별 회식 전에 인사팀을 통해 팀원들에 대한 상세 소개 자료를 받아서 미리 읽어보고 갑니다. 대화 도중 이름을 불러주고, 그 직원 개인에 대한 맞춤형 질문을 하게 되면 직원들은 리더의 세심한 배려에 감동합니다. 먼저 마음을 써주면 직원들은 리더가 챙겨주고 배려하는 것을 정확히 알아차리고 감사하는 마음을 갖게 됩니다.

지금까지 언급한 여러 가지 인간관계의 스킬 중 단연 핵심은 바로 인간에 대한 인정과 존중이라 할 수 있습니다. 모든 사람은 중요한 사람이 되고 싶어 하며, 자신의 공로를 인정받고 싶어 합니다. 사람들은 인정받고 있다고 느낄 때 더욱 생산적으로 일할 수 있게 됩니다. 인정은 가장 강력한 자극제 중 하나입니다. 돈은 우리를 계속 달려가게 해주지만, 우리의 열정에 불을 붙이는 것은 바로 인정이지요. 진정성을 가지고 직원들을 인간적으로 존중하고 배려하며, 인정해주고 따뜻한 감사의 마음을 전하는 리더에게 감동하지 않을 직원은 없습니다.

인간관계를 가장 잘하는 리더로서 저는 메리 케이 애시 회장을 듭니다. 화장품 회사 메리케이를 창립한 메리 케이 회장은 직원들에게 화가 많이 났을 때도 직원들의 머리 위에 '나는 존중받고 싶다'라는 팻말이 붙어 있다고 생각하면서 한 템포 늦추어 화를 참고, 정성을 다해 직원들을 대했다고 합니다. "상사, 팀원, 동료 등 모든 사람이 '내가 가장 중요한 사람임을 느끼게 해주세요'라는 팻말을 머리 위에 들고 있다고 생각하십시오. 그러면 그들을 진심으로 가치 있는 존재로 대할 수 있습니다." 이처럼 진심으로 인간을 사랑하고 존중하고, 배려하고, 인정하고, 칭찬한다면 비용을 조금도 들이지 않고도 얼마든지 직원들의 역량을 극대화할 수 있다는 것을 메리 케이 애시 회장에게서 배울 수 있습니다.

내성적이고 과묵한 것은 인품으로서는 훌륭하지만 리더로서는 노력을 해서라도 버려야 할 모습이라 할 수 있습니다. 과묵한 성격의 리더에게 불편함을 느끼고 다가가기를 꺼리는 경우가 많기 때문입니다. 직원들이 리더를 두려워하지 않고 웃으면서 편안하게 인사를 나눌 수 있도록, 거리낌 없이 먼저 다가가서 쉽게 농담을 건넬 수 있도록 친근한 인간관계를 맺는 것이 좋습니다.

이렇게 인간관계 능력을 개발하는 데 노력한다면 누구나 수많은 시간을 공부에 투자한 것보다 더 높은 투자 효율을 맛볼 수 있습니다. 거듭 강조하지만, 중요한 것은 스킬뿐만이 아니라 그 스킬의 밑바탕에 사람 됨됨이가 튼튼하게 깔려 있어야 한다는 것입니다. 인성과 성품, 사람의 됨됨이가 바탕이 되지 않은 인간관계 스킬이라면 모래 위에 지은 집처럼 언제든 무너질 수 있습니다.

신뢰 영역

다음은 메리 케이 애시의 일화다.

메리 케이 애시는 45세 되던 1963년 자신의 전 재산인 5,000달러를 투자하여 화장품 회사 메리케이를 설립, 2001년 사망하기까지 수십억 달러 가치의 대기업으로 성장시킨 전설적인 여성 기업인이다. 세계 3대 화장품 직판업체인 메리케이는 2005년 매출 10억 달러, 37개국에 130만 명의 독립 뷰티 컨설턴트를 거느린 세계적인 다국적 기업이다. 현재 미국에서 일하는 여성 가운데 연간 10만 달러 이상의 고소득을 올리는 사람은 3퍼센트에 불과한데, 그중 90퍼센트 이상이 메리케이의 뷰티 컨설턴트라고 한다. 메리케이는 사원들이 '다시 태어나도 이 회사에 근무하고 싶다'라고 자랑스럽게 말하는 곳으로 더 유명하다.

메리 케이 애시 회장의 리더십은 숭고한 사명에 기초한 회사 설립과 운영에서 그 원천을 찾을 수 있다. 그녀는 당시 사회적 약자로 많은 차별을 받던 여성들에게 어떤 곳에서도 찾을 수 없는 무제한의 성공 기회를 제공하여, 메리케이와 함께하는 여성 모두가 개인적 성장과 재정적인 독립을 실현하고 삶의 행복을 느낄 수 있게 하는 꿈의 회사dream company를 꿈꾸었다.

사람들은 그녀가 직원들을 진심으로 사랑했던 비즈니스 리더였다고 평한다. 메리 케이 애시는 회사를 한 가족으로, 즉 영원히 함께해야 할 하나의 유기적 공동체로 보았다. 그녀는 P&L이 '손익계산서Profit & Loss'가 아닌 '사람과 사랑People & Love'을 의미한다고 주장했다. 또 그녀는 이익은 중요하지만 이는 사람들의 삶을 풍성하게 만드는 하나의 수단에 불과하다고 생각했다.

위대한 리더는 사람을 잘 다룬다. 그들은 사람들을 격려해 자신이 상상했던 것보다 더 많은 것을 이루게 한다. 그녀는 장기적 성공이 사람들에게서 최선의 것을 유도해내는 데 달려 있다는 사실을 깨달았다.

인간관계의 달인, 메리 케이 애시의 리더십에는 인간에 대한 근본적인 사랑과 더불어 존중과 배려, 격려와 인정, 경청과 칭찬이라는 인간관계의 핵심이 전부 망라되어 있다.

그녀는 이윤 극대화의 유일한 방법은 사람을 극대화하는 것이라 믿었고, 자신의 가장 중요한 임무는 직원들을 행복하게 만들어주는 것이라 생각했다. 메리 케이는 자신이 대우받고 싶어 하는 방식으로 직원과 거래처, 고객을 대한다면 회사는 반드시 성공할 것이라고 믿었다. 이는 단순하지만 매우 강력한 원칙으로, 메리 케이가 했던 모든 일의 원동력이 되었다. "다른 사람에게 최선인 것을 추구하면 이익은 저절로 따라온다"라고 그녀는 즐겨 말하곤 했다.

메리 케이는 황금률 Golden Rule system of management 이라 부르는 경영방침에 따라 회사를 운영했다. 황금률이란 자신이 대우받기를 원하는 대로 다른 사람을 대하라는 것이다. 그녀는 항상 상대방을 가장 중요한 존재로 느끼게 했다. 메리 케이 애시는 "직원들을 만날 때마다 그들의 가슴에 '나는 존중받고 싶다'라고 쓰인 목걸이를 차고 있다고 생각하고, 그들을 대한다"라고 말한다.

그녀는 말뿐만 아니라 행동으로 직원 사랑을 보여주었다. 유명한 일화가 있다. 메리 케이 애시는 대통령 주재 백악관 리셉션에 참석해달라는 초청을 받았다. 대부분의 사람에게 이는 일생에 한 번 올까 말까 한 기회일 텐데, 메리 케이 애시는 이를 정중히 거절했다. 신규 독립 뷰티 컨설턴트들과의 약속이 대통령을 만나는 것보다 훨씬 중요하다고 진심으로 믿었기 때문이다. 리셉션 초청 당시 메리 케이 애시 회장은 사업차 워싱턴에 있었음에도 댈러

스에 있는 신입사원 미팅에 참석하기 위해 달려갔다. 말에서 그치지 않고 행동으로 항상 직원들을 존중하고, 관심을 기울이고, 진정으로 사랑하고, 성장을 도운 노력이 그녀를 최고의 경영자, 최고의 리더로 만들었다.

메리케이는 화장품 판매에 뷰티 컨설턴트를 처음으로 도입하였다. 뷰티 컨설턴트란 단순히 화장품을 파는 판매원이 아니라 피부관리 전문가를 의미한다. 이들은 회사에서 상품을 직접 구매하고 독립적으로 상품을 판매했다. 더 높은 보수를 제공해주는 다른 회사로 옮겼던 이들도 다시 메리케이에서 근무하고 싶어 되돌아오는 경우가 많았다. 많은 경영자들이 메리 케이에게 직원들을 대하는 특별한 비결이 있느냐고 물어보자 메리 케이는 이렇게 충고했다. "진정한 리더는 남보다 우월함을 내세워 자신의 위대함을 자랑하기보다 주변 사람들이 스스로를 자신 있고 유능하고 가치 있게 느끼게 만드는 사람이다." 메리 케이는 경영자의 가장 중요한 임무는 직원들 스스로가 자신이 가치 있음을 깨닫고 행복을 느끼게 하는 데 있다고 보았다. 그래서 직원들에게 계속적인 관심을 기울이며 탁월한 능력을 기대하고, 그들이 스스로의 목표를 달성하게끔 자극하고 고무했다. 메리 케이는 매년 최고의 실적을 달성한 뷰티 컨설턴트에게 핑크색 캐딜락을 선물하며 직원들의 열정에 불을 붙이기도 했다.

메리 케이 애시는 훌륭한 리더의 필수조건은 경청하는 능력이라고 말한다. 그녀는 "북적대는 방에서 누군가와 이야기할 때 그 방에 우리 둘만 있는 것처럼 그를 대한다. 모든 것을 무시하고 그 사람만 쳐다본다. 고릴라가 들어와도 나는 신경 쓰지 않을 것이다"라고 말하면서 경청을 실천했다.

직원들의 잠재력을 극대화해서 탁월한 성과를 창출할 수 있었던 메리 케이 애시의 전략으로 올바르지 않은 것은?

① 무제한의 성공 기회를 제공

② 인적 성장과 재정적인 독립을 실현하고 삶의 행복을 느끼게 함

③ 실적 상관없이 직원 모두에게 선물 제공

④ 스스로 목표를 달성하게끔 자극하고 고무

⑤ 경청

답은 ③이다. 리더십은 곧 성과다. 그러나 리더 혼자만의 노력이 아니라, 조직 구성원들을 활용해 성과를 창출하는 데 리더십의 묘미가 있다. 따라서 리더십의 핵심은 구성원들의 잠재력을 어떻게 최대한으로 끌어올리는가에 있다. 메리 케이는 직원들에게 계속 관심을 기울이며 탁월한 능력을 기대하고, 그들이 스스로 목표를 달성하게끔 자극하고 고무했다. 그 일환으로 그녀는 매년 최고의 실적을 달성한 뷰티 컨설턴트에게 핑크 캐딜락을 선물했다.

CHAPTER 8

자발적
동기부여의 힘

인간은 자신이 통제권을 쥐고 있다고 생각할 때
더 열심히 일하고 노력하는 성향이 있다.
자신감이 더 강해지고 역경도 더 빠른 속도로 이겨낸다.
자신을 통제한다고 믿는 사람이
그렇지 않은 사람보다 장수할 확률도 훨씬 높다.

| 찰스 두히그, 《1등의 습관》 중에서 |

"사람들은 자기가 시작 단계에서부터 관여한 일은 끝까지 지지하게 된다. 상사가 아무리 면밀하고 논리적인 계획을 제시하더라도 직원에게 그것은 그저 명령일 뿐이다. 하지만 직원이 그 아이디어의 시작 단계에서 기여하게끔 하면, 같은 아이디어라도 이제는 그 직원의 '개인적 사명'이 되는 것이다."

위의 이야기는 메리 케이 애시의 말로, 어떻게 직원에게 동기부여를 할 수 있는지 보여줍니다. 짐 콜린스는 저서《좋은 기업을 넘어 위대한 기업으로》에서 뛰어난 인재를 확보하면 그들은 스스로 비전도 세우고 전략도 세우고 스스로 동기부여도 한다고 주장합니다. 그만큼 핵심 인재 확보의 중요성을 강조한 것이라 할 수 있습니다. 그런데 한편으로는 이해가 되지만 완전히 동의할 수는 없습니다. 사람은 기계가 아닙니다. 아무리 뛰어난 인재라도 외부 환경의 영향을 받아 기분이 좋아지기도 하고 나빠지기도 합니다. 일에 대한 몰입도도 높아졌다 낮아졌다 합니다. 우수한 인재와 보통 인재 사이에는 분명 생산성 차이가 크지만, 몰입도에 따른 한 개인의 생산성 차이도 매우 큽니다. 기분 좋은 상태에서 몰입해 한 시간 일한 것이 몰입하지 못하고 산만한 상태에서 열 시간 일한 것보다 더 높은 아웃풋을 내본 경험은 누구나 가지고 있을 것입니다.

$$P=f(A \times M) \quad (P\text{:Performance, } A\text{:Ability, } M\text{:Motivation})$$

성과는 본인이 가진 역량과 동기부여의 곱이라고 합니다. 동의하시나요? 여러분은 자신이 가진 잠재력을 몇 퍼센트나 발휘하시는지요?

"사람들은 5~10퍼센트의 능력밖에 발휘하지 않는다. 개발되지 못한 나머지 능력을 매일 일터로 가져오게 하는 것, 그것이 바로 경영자가 하는 일이다."

퍼시 바네빅 전 ABB 회장의 이 이야기는 많은 생각을 하게 합니다. 리더십에서 동기부여가 중요한 이유도 여기에 있습니다.

"어떤 기업이 성공하느냐 실패하느냐의 실제 차이는 그 기업에 소속된 사람들의 재능과 열정을 얼마나 잘 끌어내느냐 하는 능력에 의해 좌우된다고 나는 믿는다." 이는 토머스 제이 왓슨 전 IBM 회장의 주장입니다.

"조직의 핵심 인재는 사랑받아야 하고 육성되어야 하며 영혼과 지갑에 보상을 받아야 한다. 왜냐하면 이들이 기적을 일으키는 사람들이기 때문이다."

이는 잭 웰치 전 GE 회장의 이야기입니다.

동기부여의 요인과 이론들

탁월한 성과를 창출한 리더들은 직원들의 동기부여가 성공의 핵심임을 잘 알고, 이를 현장에서 실천한 사람들입니다.

"자포스를 만난 것은 제 인생 최고의 행운이에요. 저는 매일 아침 눈을 뜨면 회사 갈 생각에 가슴이 설렌답니다. 주말에는 월요일이 너무 멀게 느껴져 참을 수 없을 정도예요."

온라인 신발판매 회사 자포스의 콜센터 직원이 한 이야기입니다. 어떤 회사든 직원들이 월요일에 출근하고 싶게, TGIM^{Thanks God, It's a Monday}을 만들 수만 있다면 그 회사는 성공할 것입니다.

사람들에게 동기를 부여하려면 기본적으로 머리, 가슴, 지갑을 골고루 챙겨야 합니다. 비전과 사명을 공유해 가슴을 뛰게 하는 것도 중요하고, 전략 수립에 참여하게 하여 머리로 전략을 이해하게 하는 것도 중요합니다. 기본적인 생계의 안정과 복리후생을 통해 지갑을 두둑이 채워주는 것 역시 중요합니다.

리더는 동기부여에 대한 각종 이론을 나름대로 마스터하고 있어야 하며, 이를 현장에서 그대로 실천해야 합니다.

잘 알려진 매슬로우의 욕구 5단계설이 있지요. 그는 사람들에게는 기본적으로 생리적 욕구, 안전욕구, 소속감의 욕구, 존중과 존경의 욕구, 자아실현의 욕구라는 5단계의 욕구가 있고, 하위 단계의 욕구가 충족되어야 비로소 한 단계 높은 욕구를 찾는다고 주장합니다.

프레드릭 허즈버그는 2요인설에서 사람들의 욕구는 성취감, 인정, 책임감, 일 그 자체, 개인적 성장과 같은 동기요인과 작업 조건, 임금과 안전과 같은 위생요인으로 나뉜다고 이야기합니다. 위생요인은 불만족의 수준에 영향을 미칩니다. 기본 조건이 충족되지 못하면 불만족 상태가 되고, 충족이 되어갈수록 불만족은 감소하지만 일정 정도를 초과하면 만족에 영향을 미치지 못한다고 합니다. 통상 연봉 7,000만 원 정도가 넘으면 급여를 더 올려줘도 만족도가 크게 증가하지 않는다고 하는 이야기는 잘 알려져 있지요. 반면 동기요인은 높으면 높을수록 동기부여도 커진다고 주장합니다.

빅터 브룸은 기대이론을 통해서 노력하면 높은 성과를 달성할 수 있다는 기대, 그리고 성과의 결과로 받는 보상이 가치 있다고 생각하는 정도를 곱한 결과치가 동기부여 정도를 좌우한다고 주장합니다. 목표가 너무 높아 달성 가능성이 작아지면 동기가 저하되고 성과도 떨어진다는 연구 결과들이 이를 뒷받침합니다.

에드워드 데시는 자기결정이론을 주장했습니다. 사람들이 외부의 영향과 간섭 없이 자율적으로 선택하는 것이 동기부여와 관련되어 있다고 본 것입니다. 그는 개인의 행동이 스스로 동기부여되고 스스로 결정된다는 것에 초점을 둡니다. 소속감, 자신이 진보하고 있다는 성장감, 내가 선택해서 할 수 있다는 자율감이 동기부여에 중요하다는 주장입니다.

미국 콜롬비아대학의 토리 히긴스 교수는 접근approach동기와 회피avoidance동기라는 개념을 활용해 동기부여 이론을 전개합니다. 접근동기란 무언가 좋은 것을 얻기 위해, 즉 그것에 가까워지기 위해 열심히 하는 것을 말하고 회피동기란 무언가 좋지 않은 것으로부터 벗어나거나 회피하기 위해 열심히 하는 것을 말합니다. 가령 우수한 성적을 거둔 학생에게 주는 장학금이라는 동기 요인이 있다고 할 때 학생 A는 '열심히 공부해서 장학금으로 해외여행을 가야지, 좋은 학점으로 나를 성장시켜야지'와 같은 생각으로 동기부여를 할 수 있는데, 이를 접근동기라 합니다.

반면 학생 B가 '장학금을 못 받고 학점이 안 좋아서 기술사 시험에 떨어지면 정말 큰일 나는데. 무조건 열심히 공부하자'라고 생각한다면 이는 회피동기적 접근이라 할 수 있습니다. 접근동기가 성공했을 때는 기쁨을, 회피동기가 성공했을 때는 안도감을 느끼게 됩니다. 반면 접근동기가 실패했을 때는 슬픔을 느끼고 회피동기가 실패했을 때는 불안을 느끼게 됩니다.

동기부여와 관련해서는 수많은 실증 조사가 나와 있습니다. 케네스 토머스는 〈열정과 몰입의 방법^{Intrinsic Motivation at Work}〉이라는 논문에서 사람들은 1) 자신이 가치 있는 일을 하고 있다는 느낌 sense of meaningfulness, 2) 그 일을 할 때 자신에게 선택권이 있다는 느낌sense of choice, 3) 그 일을 할 만한 기술과 지식을 갖추고 있다는 느낌sense of competence, 4) 실제로 진보하고 있다는 느낌sense of progress을 가지게 되는 순서로 동기부여가 이루어진다는 연구 결과를 발표했습니다.

제임스 쿠제스는 전 세계 2만여 명의 직장인을 대상으로 한 조사에서 경영자들의 일반적 생각과는 달리 직원들은 급여, 복리후생과 같은 외재적 보상보다는 존중, 도전할 만한 흥미로운 업무, 성과에 대한 공로 인정, 자기계발의 기회, 자율적 선택과 같은 내재적 보상에 더 크게 동기가 부여된다고 밝히고 있습니다.

동기부여
방법론

사람을 통해 성과를 내는 것이 주된 임무인 리더는 반드시 동기부여에 관한 여러 가지 이론에 대해 깊이 있는 지식을 갖추고 있어야 합니다. 그러나 이론적 지식^{book smart}만으로는 한계가 있습니다. 다양한 현장 경험^{street smart}을 통해 자기 나름의 동기부여 기술을 익혀두고 제때 제대로 활용할 줄 알아야 합니다.

동기부여에 있어서 가장 중요한 것은 바로 사람에 대한 깊은 이해와 존중입니다. '경영의 신'이라 일컬어지는 마쓰시타 고노스케는 '사람 다루는 솜씨가 능숙하다'라는 주위 사람의 평에 이렇게 말했습니다.

“나는 결코 그런 사람이 아니라고 생각하지만, 이유를 생각해 보니 짐작되는 것이 하나 있습니다. 그것은 조직원 모두가 나보다 위대하게 보였다는 것입니다. 모두 나보다 배운 것이 많고 재능이 많은 훌륭한 사람이라는 생각이 들었습니다. 어떤 회사의 사장은 ‘우리 회사 직원은 도무지 형편없고 다루기도 힘들다’라고 말하기도 합니다. 그 사장 자신이 훌륭한 사람이고 수완이 뛰어나서 조직원이 어딘가 부족하게 보였을 수도 있지만, 그런 회사는 경영이 잘 되지 않습니다.”

사람은 기계와 다릅니다. 기계는 감정이 없습니다. 기계는 동일한 생산성을 가지지만 사람은 기분에 따라 생산성이 달라집니다. 사람들은 본인이 존중받고 있다는 것을 귀신처럼 알아차립니다. 따라서 진정한 의미의 동기부여는 상사가 팀원을 인간적으로 존중해주는 데서 비롯됩니다. 사람들은 누구나 인간적으로 대우받고 인정받기를 원하므로, 팀원에게 진심으로 관심을 보이면 그들은 반드시 존경과 신뢰, 충성으로 보답할 것입니다.

한편 현장에서 제대로 된 동기부여를 통해 최대의 성과를 내기 위해서는 개인마다 동기부여가 이루어지는 요소가 다르다는 점에 주목해야 합니다. 사람들은 당연히 급여와 같은 물질적인 보상에 민감합니다. 그러나 핵심 인재들일수록 조직의 비전과 사명,

조직이 추구하는 핵심 가치가 자신의 비전과 사명, 핵심 가치에 부합하는가를 더 중요하게 생각합니다. 모든 사람을 동일하게 하나로 보고 한 가지로 동기를 부여하려는 편안한 해법을 찾는 대신, 개인별로 상대방의 입장에서 살펴보는 애정과 관심이 필요합니다. 물론 한 사람 한 사람의 동기부여 요인을 모두 따져보고 거기에 맞게 대처하는 것은 매우 힘들고 어려운 일임에 틀림없습니다. 그러나 각각의 구성원이 자기 자신에게 맞는 방법을 통해 동기가 부여될 때, 더구나 리더가 그처럼 개인별로 맞춤형 동기부여를 하기 위해 노력한다는 진정성을 느낄 때 그 폭발력은 가히 엄청날 것입니다. 이는 분명 가치 있는 투자라고 할 수 있습니다.

동기부여와 관련해서 특히 주목해야 할 부분이 밀레니얼 세대에 관한 것입니다. 밀레니얼 세대가 왜 경영과 리더십 부분에서 핫 이슈가 될까요? 밀레니얼 세대란 통상 1982년부터 1996년 사이에 태어난 세대를 말합니다. 이 세대가 본격적으로 워크 포스로 유입되고 있습니다. 그런데 이들을 지휘하는 리더들은 대부분 그전 세대입니다. 문제는 이 두 세대의 생각과 말과 행동이 너무나도 확연히 차이가 난다는 것입니다. 소위 금성에서 온 남자와 화성에서 온 여자 사이의 격차보다도 훨씬 더 큰 격차가 두 세대 간에 존재합니다.

알기 쉽게 미국에서 발표된 조사 결과를 인용해보겠습니다. 밀레니얼 세대에게 "당신은 회사에서 열심히 일하십니까?"라고 질문하면 밀레니얼 세대의 87퍼센트는 그렇다고 대답합니다. 반면 인사 담당자나 사장들에게 "밀레니얼 세대 직원들은 열심히 일합니까?"라고 질문하자 11퍼센트만 그렇다고 대답했습니다.

조직 충성도에 대한 질문에는 밀레니얼 세대의 81퍼센트가 조직에 충성한다고 답변한 반면, 사장과 인사팀 관리자는 오직 1퍼센트의 밀레니얼 세대 직원들만이 조직에 충성한다고 답하고 있습니다. 도저히 뛰어넘을 수 없어 보이는 이러한 인식의 차이를 어떻게 해야 할까요? 결국 리더가 변화할 수밖에 없습니다. 리더들이 변화하여 밀레니얼 세대의 생각을 이해하고, 그들에게 맞는 동기부여, 그들에게 맞는 리딩을 해야 합니다.

자율성이 주인의식을 만든다

업무 관계상 저는 사장들을 자주 만나게 됩니다. 사장들과의 대화 중 가장 자주 등장하고, 또 사장이 직원들에게 가장 아쉬워하는 부분은 바로 직원들이 주인의식(오너 의식), CEO 마인드가 부족하다는 하소연입니다.

스스로 알아서 일을 잘했으면 좋겠는데, 시키면 겨우 하는 정도에 그쳐서 아쉽다는 것입니다. 주인의식, 즉 사장 마인드를 갖고 일하는 것과 그렇지 않은 것은 몰입과 생산성, 성과에서 하늘과 땅 차이를 가져옵니다. 많은 분이 직원에게 주인의식과 CEO 마인드를 심어주기 위해 스톡옵션을 제공하는 등 다양한 방법을 고민해서 시행하는데도 별반 개선되지 않는다고 이야기합니다. 하지만 주인의식은 스톡옵션을 준다고 해서 생기는 것이 아닙니다. 주인의식은 자기가 하는 일을 스스로 결정할 수 있을 때, 즉 자율권을 갖고 의사결정에 참여할 수 있을 때 비로소 생겨나는 것입니다.

사람은 자기가 결정한 일에 남다른 애정을 갖고 잘 되게끔 최선을 다합니다. 즉 자기가 결정한 일에 관해서는 누가 뭐라고 하지 않아도 스스로 오너가 됩니다. 그것이 사람의 본성입니다. 자율성에 기반한 오너 체험이 쌓이다 보면 자연스럽게 일에 대한 몰입도도 높아지고 성공 경험도 많아져서 자신감도 커집니다. 자발적으로 일을 찾아서 하게 됩니다.

"사람의 내면에서 우러나는 책임감과 창의성은 외부로부터의 관리와 통제, 제약의 정도에 반비례한다. 누구나 관리와 통제를 싫어하기 때문에 지나친 상명하달식 압박은 오히려 반작용을 불러오기 십상이다.”

중국 최대의 호텔 체인인 치텐의 창업회장 정난옌의 주장입니다. 자율성 강화가 어떻게 직원에게 동기를 부여하고 고성과 조직을 만드는지 휴넷의 사례를 들어 설명해보겠습니다.

저는 다른 이의 통제나 간섭을 받는 것을 극도로 싫어합니다. 따라서 가급적 다른 이들도 자유롭게 일하게끔 회사의 통제와 간섭을 줄이려고 노력해왔습니다. 여름이면 슬리퍼에 반바지를 입고 출근하는 남자 직원들이 많습니다. 휴넷에서 낮잠은 허용이 아니라 장려 대상입니다. 이렇게 최대한 자율을 보장함과 동시에 직원들 스스로 엄격한 규율을 준수하는 것을 중요하게 생각해왔습니다. 아무리 자유롭게 생활하더라도 직장인이라면 출근 시간만은 정확히 엄수해야 한다는 생각을 갖고 있었습니다. 그런데 어느 무더운 여름날, 아침 9시에 출근 카드를 찍기 위해 회사 출입문 앞에 길게 줄을 선 직원들을 보고 생각을 바꿨습니다. 수많은 직원이 9시 출근 시간을 맞추기 위해 땀을 뻘뻘 흘리며 헐레벌떡 뛰어왔습니다. 과연 이렇게 규정에 맞추기 위해 뛰어다니는 게 맞는 걸까 하는 자괴감이 들었습니다. 직원들을 주인으로 대접하는 게 아니라 머슴 취급하는 것은 아닌가 하고 반성도 했습니다. 평균 나이 34세의 성인들인데, 스스로 알아서 시간을 정해 맡은 바 책임을 다하면 되지 않을까 하는 생각이 들었습니다. 직원들이 안쓰럽다는 생각과 함께 그렇게 일률적으로 통제한다면 어쩔 수 없이 그 시간에는 맞추겠지만, 과연 주인이 되어 일할 수 있을까 의구심이 들었습니다. 그래서 깊은 고민 끝에 출퇴근 체크를 아예 없애기로 했습니다. 먼저 직원들을 믿어보기로 했습니다. 결과적으로 출퇴근 시간은 동일하지만 9시에 맞추기 위해서 뛰어다니는 모습은 사라졌습니다. 외부의 통제가 없으면 스스로 통제하지 못하는 사람들도 분명 있겠지만, 대부분의 성인은 어른 대접을 해주면 스스로 그에 맞게 행동한다는 것을 체감하게 되었습니다. 결과적으로 통제에 따른 비용이 감소하고, 직원들의 만족도와 몰입도가 높아졌습니다. 리더가 먼저 의심을 풀고 직원들에게 맡긴다면 선순환이 일어납니다.

이렇게 자율의 효과를 경험하고 나서 점차적으로 자율강도를 높여보았습니다. 사람을 믿게 되니 그동안 믿지 못해서 쓸데없이 통제하는 데 들어간 비용이 막대하다는 것도 깨달았습니다.

연이어서 유연근무제를 실시했습니다. 아침 8시에 출근하는 사람은 5시에 퇴근하고, 10시에 출근하는 사람은 저녁 7시에 퇴근하는 유연근무제를 실시하자 대략 30퍼센트 정도의 직원들이 이를 활용했습니다. 특히 워킹맘들의 만족도가 아주 높았습니다. 그렇지만 몇몇 직원들은 상사와 동료들에게 눈치가 보여서 5시에 퇴근하기가 쉽지 않다고 문제를 제기하곤 했습니다. 저는 매달 한 번씩 직원들과 자유롭게 이야기하는 'CEO 톡앤톡' 시간에 30여 년 전 저의 신입사원 시절 이야기를 들려주었습니다. 앞에서도 소개했듯이, 제가 24세의 나이로 대기업에 입사했을 때의 이야기입니다. 별다른 일이 없는데도 사장님이 먼저 퇴근하고 나면 그 뒤에 임원분들이, 그리고 부장님들은 그 뒤를 이어 퇴근하고 나서야 과장님들이 비로소 뒤늦게 퇴근하는 관행이 있었던 것이지요. 저는 이유 없이 습관적으로 야근하는 문화를 고쳐야겠다는 생각에 입사 3년 차까지의 사원들을 설득해서 6시 정각에 퇴근하여 회사 근처의 산에서 함께 족구를 하고 맥주도 한잔 하고 헤어지기를 한 달 가까이 지속했던 것입니다. 그 뒤로 회사에는 자연스럽게 6시 퇴근 문화가 정착되었지요. 저는 직원들에게 이런 이야기를 들려주면서 '나는 30년 전 스물네 살의 나이에도 눈치 보지 않고 그렇게 했다. 자신만 떳떳하면 남의 눈치를 볼 필요 없다. 한 번밖에 살지 못하는 소중한 인생인데 쓸데없이 눈치나 보면서 소중한 인생을 낭비할 거냐? 난 그런 직원은 원치 않는다'라고 약간 과장해서 강하게 이야기했습니다. 물론 그 뒤로는 당연히 눈치 보지 않고 5시에 퇴근하는 문화가 정착되었습니다.

자율을 확대하면 초기에는 일시적으로 성과가 떨어지는 부작용이 발생합니다. 그러나 이는 타율적 통제에서 자율로 넘어가는 과도기적 현상입니다. 리더가 단기적인 성과 감소를 참지 못하고 원상복귀를 시키면 아예 자율을 확대하지 않은 것보다 더 나쁜 결과를 초래합니다. 일정 기간은 성과가 감소하더라도 참아내는 인내가 필요합니다. 그렇다고 정상화될 때까지 무조건 방치해두어도 안 됩니다. 위의 사례처럼 적절히 개입해서 성공적으로 안착하게끔 유도하는 '넛지nudgy'가 필요합니다.

휴가신청서에 사유를 쓰는 것도 없앴습니다. 당연한 권리를 행사하는데 굳이 구걸하듯이 사유까지 써가면서 휴가를 허가받을 필요가 없다는 판단에서였습니다. 그리고 자율경영이 어느 정도 궤도에 오르자 마침내 무제한 자율휴가제를 도입했습니다. 그전까지도 저희 회사는 직원들이 눈치 보지 않고 법정 휴가를 90퍼센트 이상 충분히 활용했지만, 이제는 법정 휴가를 초월해서 본인이 원하는 만큼 무제한으로 휴가를 쓰는 제도를 만들었습니다. 이 제도는 넷플릭스 등 미국의 몇몇 혁신 기업에서 도입한 것을 벤치마킹했습니다. 특히 넷플릭스는 2개월 동안 휴가를 써도 무방하게끔 극단적 자율주의를 운영하고 있습니다. 휴가를 맘껏 쓰되, 반대로 A급 성과를 내지 못하는 직원은 누구든 바로 나가게 합니다. 지독한 성과주의의 전형이라 할 만합니다.

휴넷이 무제한 자율휴가제를 실시한 이유는 두 가지입니다. 첫째, 인풋을 통제하지 않고 아웃풋으로 성과를 평가하겠다는 것입니다. 인풋은 본인이 알아서 자율적으로 하도록 회사에서는 전혀 간섭하지 않겠다는 선언입니다. 둘째는 회사나 상사가 여러분을 믿고 있다는 것을 공식적으로 천명하는 것입니다. 상사나 회사가 나를 믿어준다고 생각할 때 직원들은 자부심과 동시에 책임감을 느끼고, 주인의식과 더 높은 성과로 보답하고자 노력합니다.

이렇게 휴넷에서는 자율을 계속 확대해가면서 제반 경영활동에 직원들의 참여를 최대한 높이기 위해 계속 노력하고 있습니다. 새로운 비전과 사명을 정립할 때에는 설문 등 각종 장치를 통해 직원들의 참여를 유도합니다. 매년 조직 개편과 사업계획 수립 시에는 전 직원의 의견을 공개·비공개 등 다양한 방법으로 공모합니다. 또 직원 행복도 조사를 비롯해 리더십 평가 등에도 직원들에게 참여의 장을 열어놓고 있습니다. 매년 승진 시즌에는 승진 규정에 미달하는 직원이라도 본인이 승진 자격이 있다고 생각하면 그 사유를 써서 셀프 추천을 하게 합니다. 이 제도를 통해 지난 3년간 열 명이 지원했고, 그중 네 명이 승진했습니다.

회사의 정책에 대해 직원의 참여를 확대하면 관심도가 높아지고 냉소나 무조건적인 반대, 그리고 뒷담화는 현저히 줄어듭니다. 찬반양론이 팽팽한 경우에는 투표를 통해 스스로 결정하게 하면 반대하던 이들도 채택된 안을 자연스럽게 따르게 되어 뒷말이 없어집니다. 늦게 가는 것처럼 보이지만 사실은 훨씬 빨리 일이 진행됩니다.

똑같은 일도 남이 시켜서 하면 하기 싫은 것이 인간 본성입니다. 그러나 본인이 참여하고 결정하면 그 일의 주인이 되어 적극적으로 책임을 지고 그 일을 성사시키려 하고, 몰입도와 주인의식도 강화됩니다. 회사와 상사가 직원을 존중하고 관심을 가져주는 것에 대해 감사하는 마음과 함께 사기도 올라갑니다.

시키는 일만 하면 원래 목표로 했던 만큼의 성과를 내기가 어렵습니다. 그러나 통제를 풀고 스스로 결정해서 일을 하도록 하면 목표를 초과하는 성과가 나옵니다. 때로는 기대를 초과하여 놀라운 성과를 보여주기도 합니다. 그렇게 되면 개인은 물론이고 조직의 역량도 향상되고 창의성도 커집니다. 만족도도 높아지고 조직을 향한 충성심도 높아집니다. '의인불용 용인불의擬人不用 用人不疑'라고 했습니다. 의심이 나면 쓰지 말고, 쓰게 되면 의심하지 말고 맡겨야 합니다. 제대로 뽑아서 믿고 맡기고, 일을 잘하게끔 최대한 도와주어야 합니다. 믿음을 주면 직원들은 기적으로 보답합니다.

동기부여 영역

다음은 제임스 쿠제스 교수가 전 세계 2만여 명의 직장인을 대상으로 '이들 항목 중 어느 것이 충족되면 몰입해서 헌신적으로 일하겠는지' 물은 설문 문항이다.

나를 존중해주는 사람들과 일하기 (　　)

흥미로운 업무 (　　)

업무 성과에 대한 공로 인정 (　　)

자기계발의 기회 (　　)

업무 개선에 대한 아이디어를 낼 때 의견을 들어주는 상사 (　　)

단순한 지시 수행이 아닌 스스로 생각할 기회 (　　)

내 업무의 결과물을 직접 보기 (　　)

효율적인 경영자 (　　)

너무 쉽지 않은 업무 (　　)

현재 진행업무에 대해 자신도 잘 알고 있다는 느낌 (　　)

직업의 안정성 (   )

높은 급여 (   )

훌륭한 복지 (   )

당신이 가장 중요하게 생각하는 순서에 따라 등급을 매긴다면?

문제 해설

실제 설문 결과는 위 항목의 순서대로였다. 반면 경영자들의 96퍼센트는 위 항목의 가장 아래 세 가지 중 두 개 이상을 상위 5위 안에 포함시켜 대답했다. 즉 경영자들은 직원들이 급여, 복리후생, 직업의 안정성에 따라 가장 동기부여가 크게 되리라고 판단했지만, 직원들은 내재적 보상에 더 큰 점수를 매긴 것이다. 급여나 복지보다 자신을 존중해주고 자율성을 부여하며 좋은 관계 속에서 일하는 데 더 큰 의미를 부여한 것이다.

리더십은 의사결정의 종합예술

어떤 결정을 내려야 할 때
가장 좋은 것은 올바른 결정이고,
다음으로 좋은 것은 잘못된 결정이며,
가장 나쁜 것은 아무 결정도 하지 않는 것이다.

| 로저 엔리코(펩시콜라 전 CEO) |

　　'경영은 의사결정의 종합예술이다'라는 말이 있습니다. 이것을 '리더십은 의사결정의 종합예술이다'라고 고쳐 말해도 무방할 것입니다. 그만큼 리더가 하는 일의 대부분은 의사결정과 직간접으로 관련된 일이고, 그 결과에 따라 조직의 운명이 결정됩니다.

　　가장 대표적인 예로 빌 게이츠와 IBM의 사례를 들 수 있습니다. 빌 게이츠는 1981년 IBM에 MS-DOS의 사용권을 주는 대신 IBM에 IBM을 제외한 모든 PC에 관한 사용 권한을 양도받습니다. 당시 IBM은 컴퓨터 본체에 관한 한 전 세계적으로 절대적 우위를 지키고 있었죠. IBM의 최고경영자였던 프랭크 캐리는 IBM 상표를 부착한 개인용 컴퓨터를 만들라고 지시했습니다. 그들은 컴퓨터의 심장에 해당하는 마이크로 칩은 인텔에, 운영체제는 마이크로소프트에 공급받기로 하는 결정적인 실수를 저지르게 됩니다. 그들은 돈이 되는 컴퓨터 본체를 자신들이 생산하고 있으므로 별문제가 없다고 보았고, 비핵심 분야를 아웃소싱하여 시간과 비용을 절감할 수 있다고 믿었습니다.

하지만 빌 게이츠는 달랐습니다. IBM 경영자들은 미처 깨닫지 못했지만, 그는 컴퓨터의 미래가 하드웨어가 아닌 소프트웨어에 달려 있다는 사실을 알았습니다. 그는 또한 IBM이 시장의 지배자라 하더라도 소프트웨어를 적용하는 데 있어서는 일종의 표준을 정해야 한다는 것을 알았습니다. 그리고 MS-DOS가 그 표준의 근간이 되리라 전망했죠. IBM의 개인용 컴퓨터는 출시하자마자 상업적인 면에서는 성공했으나 그 이익의 대부분을 앞서 말한 두 하청업체에 나누어줘야만 했습니다. 이후 개인용 컴퓨터 산업이 폭발적으로 성장하면서 수많은 경쟁자가 시장에 진입했고, 그들은 모두 MS-DOS를 사용하는 대가로 마이크로소프트에 돈을 지불해야 했습니다. 어떻습니까? 미래에 대한 비전과 기회를 잘 포착한 빌 게이츠는 이 의사결정으로 엄청난 성공을 거두었지만, IBM은 이때의 판단착오로 시장에서 점차 추락하게 되었습니다.

경영자는 종일 크고 작은 의사결정을 내리는 데 대부분의 시간을 쏟습니다. 아침부터 밤늦게까지 신제품 개발, 거래처와의 협상, 조직원 평가 등 수많은 일을 해내야 하며, 그중 대부분의 활동은 바로 최고경영자로서 즉각 의사결정을 해야 하는 일들입니다. 한마디로 경영자의 매일매일, 매 순간은 의사결정의 연속이라 할 수 있습니다.

의사결정과 관련된 핵심 주제는 다음과 같습니다.

첫째, 무엇에 관해 의사결정을 할 것인가?

둘째, 누가 결정해야 하는가?

셋째, 언제까지 결정해야 하는가?

넷째, 어떻게 결정할 것인가?

다섯째, 의사결정과 실행의 갭을 어떻게 줄일 것인가?

이들 모두는 하나하나 매우 중요합니다. 무엇에 관해 의사결정을 할 것인가부터 간략히 살펴보겠습니다.

리더가 내려야 할 의사결정 주제는 비전 및 경영이념과 핵심 가치, 사업 방향, 사업 포트폴리오 전략, 인사 및 조직, 자금 조달과 운용, 생산 및 기술, 연구개발 등 무엇 하나 중요하지 않은 것이 없습니다. 문제의 핵심은 리더가 집중적으로 고민할 시간이 제한되어 있다는 점과, 리더의 고민과 관심에 따라 조직 전체의 자원이 배분되므로 의사결정에 대한 기회비용이 매우 크다는 점입니다. 만약에 경제위기가 예상되어 자금을 미리 조달해야 하는 시점인데, 리더가 공격적 사업 확장 전략에만 집중한다면 조직은 매우 큰 위험에 처하게 됩니다. 신상품 개발이 끝나서 대대적인 마케팅에 들어가야 할 시점에 리더가 여전히 신기술 개발과 R&D에 빠져 있다면 역시 큰 위험에 처할 가능성이 큽니다. 따라서 리더는 일부러 시간을 내서 지금 무엇에 관해 의사결정을 해야 하는지 주기적으로 체크하는 것이 좋습니다. 아침에 출근할 때 오늘은 무엇에 집중해야 할까 반드시 생각하고, 한 주일이 시작되는 시점에 시간과 관심을 어디에 쏟을지 정리할 줄 알아야 합니다. 매월 말에는 한 달을 돌이켜보고 다음 달에 집중할 핵심 사항을 골라내는 작업도 의도적으로 해야 합니다.

저는 매월 말에 일부러 시간을 내서 반드시 지난 한 달의 경영 활동을 평가하고 잘한 일과 잘못한 일, 그리고 다음 달에 해야 할 시급하고 중요한 일의 리스트를 문서로 정리합니다. 더 나아가서는 분기별로, 그리고 반기, 연간, 3~5년의 기간에 고민해야 할 핵심 과제들을 주기적, 정례적으로 점검하는 시간을 갖습니다. 리더가 가장 크게 고민하고 그 시점에 집중적으로 의사결정해야 할 사항을 골라내는 것이야말로 바로 조직의 미래 운명을 결정하며, 그에 대한 책임은 오롯이 최고 리더에게 있다는 사실을 잊지 말아야 합니다.

흔히들 리더는 하루 30분은 아무 일도 하지 않고 멍 때리는 시간을 가져야 한다고 이야기합니다. 현업에 깊이 관여할수록 본연의 업무를 망각할 가능성이 크기 때문입니다. 하루 30분 정도의 시간을 할애하여 집중할 것, 놓쳐서는 안 될 것을 찾아내는 노력이 필요합니다.

의사결정 사항은 크게 가치 창출형 과제와 문제 해결형 과제로 나눌 수 있습니다. 새로운 전략을 세팅하는 것, 신상품 아이템을 선정하는 것, 새로운 시장 개척에 관해 결정하는 것 등은 가치창출형 의사결정 사항으로 능동적, 주도적, 선제적으로 어젠다를 설정해야 한다는 특성이 있습니다. 반대로 문제 해결형 과제는 어떤 사고나 문제가 터졌을 때 신속하고 완만하게 해결해야 하는 과제로서, 사후에 대응해야 하는 대응적 과제라 할 수 있습니다.

리더는 주로 가치 창출형 과제에 집중하고, 문제 해결형 과제는 실무 선에서 대응할 수 있게 역할을 배분하는 것이 좋습니다. 물론 모든 책임은 리더에게 있으므로, 중간 리더에게 맡긴 일들에 대해서 어느 시기에 적절히 개입해야 하는지도 잘 판단하고 있어야 합니다. 임파워먼트 파트에서 깊이 이야기한 것처럼 의사결정을 누가 하는지도 매우 중요한 핵심 사항입니다. 리더는 본인이 꼭 해야만 하는 일이 아니라면 가급적 하부로 의사결정 권한을 위임하는 것이 좋습니다. 그래야 구성원의 업무 몰입도도 높아지고 업무 역량도 향상된다는 것은 앞에서 충분히 설명했습니다. 중간 리더나 현장 실무진들이 의사결정을 하더라도 최고 리더가 결정하는 것과 그 결과가 일치하게끔 장치를 마련하는 것이 중요합니다. 핵심 가치에 맞춰 의사결정을 해야 한다든지 하는 식으로 의사결정 기준을 만들어서 모두가 공유하는 것이 하나의 방법이 됩니다.

✓ **의사결정 과제 이해 (의사결정 과제 정의 및 목표에 대한 동의 형성)**

– 반드시 필요한 일인가? (부가가치를 창출하는 일인가?)

– 언제까지 의사결정을 해야 하는가?

– 의사결정을 통한 기대효과는 무엇인가?

– 의사결정 과정에 투입하기 적절한 시간과 노력은 어느 정도인가?

– 반드시 리더가 내려야 하는 결정인가? (위임하여 업무 자율성을 높일 수 있는 일

은 아닌가?)

✓ **올바른 의사결정을 위한 근거 확보**

– 올바른 의사결정을 위하여 충분한 정보와 근거를 확보했는가?

– 의사결정 시 과거의 데이터와 경험을 지나치게 많이 참고한 것은 아닌가?

(급변하는 시장 상황에서 오히려 잘못된 예측을 초래할 가능성은 없는가?)

– 직원들의 참여와 집단지성이 확보됐는가?

– 관습적으로 계속함으로써 낭비와 비효율을 초래하는 것은 아닌가? (회의, 보고

서 작성 등)

– 매몰 원가 때문에 계속하려는 것은 아닌가?

– 가능한 대체 방안이 있는가?

✓ **커뮤니케이션 (의사결정 방식과 영향에 대한 논의)**

– 일의 목적, 아웃풋에 대한 기대 수준, 업무의 우선순위가 실무자들에게 명확히

　전달됐는가?

　(충분한 why와 how를 제공했는가?)

– 시행자들이 각자의 역할과 책임을 명확히 이해하고 있는가?

– 실행과 완료에 대한 기한이 명확하게 커뮤니케이션 되었는가?

✓ **실행 (결정에 동의하며 실행 계획을 수립하는 과정)**

– 최적화한 실행 방식을 택했는가? (자동화할 수 있는 일인가?)

– 의사결정 사안을 실행에 옮기기 위하여 필요한 자원 또는 자원 조달 계획을 확

　보했는가?

– 적절한 사람이 실행을 맡았는가?

– 타 부서와 협업하면 시너지를 극대화할 수 있는 일인가?

제 나름의 의사결정 기준은 다음과 같습니다.

무엇이 옳은 것인가?

어느 쪽이 미래를 향한 것인가?

무엇이 나와 다른 사람을 함께 행복하게 하는 일인가?

휴넷의 비전, 미션, 핵심 가치와 일치하는가?

최고 리더가 의사결정 권한을 위임하더라도 적절한 개입 시점에 관한 기준은 필요합니다. 서비스 부문에서 맬컴 볼드리지 상을 수상한 페덱스에는 1:10:100의 법칙이 있습니다. 불량 제품이 생겼을 때 즉각 고치면 1의 원가가 들지만, 책임소재나 문책 등의 이유로 이를 숨기고 그대로 기업의 문을 나서면 10의 원가가 들며, 이것이 고객 손에 들어가 클레임으로 돌아오면 100의 원가가 든다는 법칙입니다. 쉽게 수긍이 가는 얘기이며, 실제로 기업 현장에서 많이 활용되는 개념입니다.

품질이 핵심 경쟁력이 되는 상황에서, 설계 단계에서 불량을 제로^{zero}화하는 것이 경쟁력 확보의 관건이 됩니다. 리더가 개입해야 하는 시점은 사고가 터진 후가 아니라 최초 단계에서 품질에 문제가 없게 제도와 시스템을 설계하는 때라고 할 수 있습니다.

신상품 개발과 신사업 기획에서도 마찬가지입니다. 대부분의 리더는 초기에는 관심을 가지지 않다가 시장 출시 전에야 비로소 관심을 보이면서 본인의 마음에 들지 않는 점을 고치라고 지시하곤 합니다. 그러나 그때는 이미 많은 시간이 흘렀고, 그만큼 원가가 많이 투입된 이후입니다. 이뿐만 아니라 해당 사항을 고치기 힘들 경우도 있으며 때로는 처음부터 다시 시작해야 하는 등 수정을 하는 데 커다란 리스크가 있을 수도 있습니다. 리더는 초기 방향에 대해서는 깊이 개입하여 실무자들과 이해를 같이하고, 구체적인 방법들에 대해서는 완전히 위임하는 것이 가장 좋습니다.

의사결정의 질을 향상시키는 것은 의사결정하는 데 드는 시간을 줄이고 정확도를 높이는 일입니다. 이를 위해서 리더 스스로 의사결정 능력을 향상시키는 것은 물론, 직원들의 의사결정 능력을 향상하게끔 사전에 충분히 훈련하는 것이 좋습니다. MBA를 포함하여 기본적인 경영학 지식을 습득하는 것은 물론, 역사를 포함한 인문학 공부를 하는 것도 의사결정을 하는 데 크게 도움이 됩니다. 독서토론을 포함한 학습조직을 만드는 것도 의사결정의 질을 향상시켜 조직 전체의 성과를 제고하는 방법입니다. 시간을 절약하고 같은 수준의 결과를 도출하기 위해서 매뉴얼을 적절히 활용하는 것도 매우 유용합니다.

의사결정의
딜레마

훌륭한 의사결정은 구성원의 참여 아래 과학적이고 합리적인 방법에 의해 결정하는 것입니다. 그러나 역사에서 살펴보면 역사를 바꿀 만한 의사결정, 도저히 따라 할 수 없을 정도로 탁월한 성과를 창출한 의사결정은 오히려 그와는 거리가 먼 경우가 더 많습니다. 리더로서는 많은 사람의 참여에 의한 민주적 의사결정, 그리고 쉽게 설명이 가능한 과학적이고 합리적인 의사결정을 내리면 마음이 편안합니다. 그러나 어떤 경우에는 직원들의 의견과는 반대로 독단적으로 결정해야 하거나, 또 때로는 리더 본인도 제대로 설명하기 힘들지만 그렇게 해야만 할 것 같은 경우, 소위 직관이 크게 작용하는 경우도 있습니다. 이처럼 이렇게 하기도 어렵고 저렇게 하기도 어려운 상황이 의사결정의 딜레마라 할 수 있습니다.

역사적으로도 그런 상황에서 직관에 따랐던 결정을 많이 볼 수 있습니다. 박정희 대통령이 경부고속도로를 건설하겠다고 했을 때 야당 정치인은 물론이고 대부분의 경제학자가 극구 반대했습니다. 이병철 회장이 1980년대 초에 반도체 사업을 하겠다고 했을 때에도 삼성그룹 내에서는 회장이 이상하다고 했을 정도로 모두가 반대했습니다. 오늘날 반도체가 삼성뿐만 아니라 우리나라 경제에 미치는 영향을 생각하면 아찔한 순간이었다고 할 수 있습니다. 모리타 아키오 소니 2대 회장이 워크맨을 개발하자고 했을 때에도 엄청난 반대에 부딪혔지만, 워크맨을 개발한 것은 결과적으로 소니를 세계 최고의 전자회사로 성장시킨 '신의 한 수'로 판명되었습니다.

왜 이런 일이 발생할까요?

리더는 말로 설명할 수는 없지만 미래에 대한 통찰력을 갖고 있을 가능성이 높습니다. 항상 멀리 보고, 큰 그림과 비전에 대해 늘 생각합니다. 호기심을 갖고 미래를 탐구하고, 외부의 전문가들과 교류하다 보면 새로운 정보를 얻을 기회도 많습니다. 사업에 대한 집념도 당연히 크다 할 수 있습니다. 그만큼 직관이 발달할 수 있습니다. 실제로 사람들은 의사결정을 할 때 90퍼센트 이상 직관에 의존한다고 합니다. 반대로 전문가들은 특정 분야에 대해서만 전문가일 가능성이 높습니다. 실무자들은 세부적인 상황에는 강하지만 상대적으로 큰 그림과 직관에는 약한 경우가 많습니다. 다소 과장해서 표현하면 세상을 바꿀 만한 놀라운 의사결정은 과학적이고 합리적인 방법으로는, 또는 여러 사람의 이해관계를 조율하는 방식의 민주적 절차를 통해서는 나오기 어렵다고 할 수 있습니다. 대중이 만들어내는 집단지성의 힘은 분명 엄청나지만, 장기적 시각이나 통합적이고 전체적인 시각보다는 단기적이고 부분적인 시각에 머무를 가능성도 큽니다. 참고로 직관을 다른 말로 설명한다면 논리적이거나 이성적인 수단에 의지하지 않는 의사결정이나 지각(23.4퍼센트), 또는 본래의 인식, 납득이 가지 않는 이해, 내부로부터 오는 느낌(17.1퍼센트)이라고 볼 수 있습니다. 그 밖에 과거 경험의 통합, 축적된 정보의 처리(16.8퍼센트)이거나 배짱(12퍼센트)이라고 보는 경우도 있고, 완벽한 데이터나 자료가 없는 문제해결과 의사결정(8.6퍼센트), 육감(7.4퍼센트), 그 밖에 자발적 지각이나 상상력, 통찰력, 잠재의식적 처리, 본능을 뜻하기도 합니다.

스티브 잡스도 신상품 개발을 위해 시장조사를 하는 것은 어리석은 일이라고 했습니다. 일반인은 과거의 연속선상에서 생각합니다. 그러나 세상을 바꾸는 일은 미래를 새롭게 설계하는 일입니다. 컨베이어 시스템을 통해 자동차 대량생산 시대를 연 헨리 포드의 의사결정은 시장조사가 아니라 직관을 통해서였습니다. 헨리 포드가 만일 일반인들에게 무엇을 원하느냐고 묻는 시장조사를 했다면 사람들은 아마도 자동차가 아니라 '더 빠른 말'이라고 대답했을지도 모릅니다.

직관을 키우는 다양한 방법이 있습니다. 책을 많이 읽고, 역사와 경험에서 배우고, 선진기업과 국가를 벤치마킹하는 것도 하나의 방법입니다. 다양한 전문가와 네트워킹을 통해 통찰을 얻을 수도 있습니다. 한편 강한 의지와 어린아이 같은 호기심을 유지함으로써 직관을 더욱 키울 수도 있습니다. 직관은 과학적으로 설명할 수는 없지만 리더의 탁월한 의사결정을 위해서는 매우 유용한 능력입니다. 따라서 리더는 직관을 키우기 위해 다양한 노력을 해야 합니다.

그렇다면 리더는 의사결정에 있어서 딜레마를 해결하기 위해 어떻게 해야 할까요?

저는 이렇게 주장합니다. 당연히 일상적인 보통의 의사결정은 가급적 많은 사람이 민주적인 방법으로 참여하여 과학적이고 합리적으로 결론을 내려야 합니다. 그러나 세상을 바꿀 만한 큰일, 조직의 미래가 걸린 일, 일반인들이 쉽게 생각할 수 없는 큰 의사결정은 처음엔 다수가 참여하여 과학적이고 합리적인 방법으로 의사결정을 하는 프로세스를 따르되, 만약 그에 따른 결정이 리더가 생각하는 것과 다르게 도출된다면, 리더는 본인의 직관이 가리키는 대로 독단적으로 의사결정을 해야 합니다. 물론 심사

숙고해서 신중하게 결정해야 하는 것은 당연하며, 방법과 절차도 매우 중요합니다.

대신 직원들에게는 다음과 같이 이야기할 수 있어야 합니다.

"여러분의 의견을 충분히 알겠습니다. 그러나 이번 건에 대해 내가 여러분을 설득할 수는 없지만, 내 생각엔 다른 방안이 분명히 맞는 거 같습니다. (농담 삼아 말하건대 마치 그분이 오신 것 같습니다.) 이번만큼은 저를 믿고 따라와주십시오. 결과가 잘못될 경우 모든 책임은 제가 집니다."

평상시에 리더가 구성원들에게 신뢰와 존경을 받고 있다면 이런 경우에 직원들은 자신의 생각과 다르더라도 리더를 믿을 것이며, 때로는 위험할 수도 있는 의사결정에 맞추어 최선을 다할 것입니다. 그래서 리더가 평상시에 미리 구성원에게 신뢰를 얻어놓는 것이 중요합니다.

의사결정은 빠를수록 좋은가?

그렇다면 과연 좋은 의사결정이란 무엇이며, 어떻게 해야 하는 걸까요?

의사결정을 전문적으로 연구한 학자들이 사회적 성취를 이룬 사람들을 연구해서 찾아낸 훌륭한 의사결정 방법은 다음과 같습니다.

"적절한 시기에 적절한 의사결정을 한 후 빠르게 실행에 옮기고, 잘못됐다고 판단되면 끊임없이 의사결정을 조정하라는 것입니다. 무엇보다도 의사결정 시기가 중요합니다. 그리고 잘못되었음을 알게 되면, 혹은 새로운 정보가 들어오거나 상황이 바뀌게 되면, 의사결정을 조절해야 합니다. 때로는 바꾸고 심지어 번복해야 합니다. 기본적으로 우리는 신중하게 의사결정하고, 신중하게 한 의사결정인 이상 한번 결정하면 절대 바꾸지 않고 우직하게 밀고 나가야 한다고 믿습니다. 의사결정 사항을 수시로 바꾸면 주변 사람들이 날 무시할 거라고 걱정해서 틀린 줄 알면서도 계속 밀고 나가는 경우가 많습니다. 그러나 '내가 잘못했다. 상황이 바뀌었고 추가로 우리가 이런 걸 알게 되었고, 그렇기 때문에 우리는 의사결정을 바꿔야 한다'라고 솔직하게 이야기하면 됩니다. 자신의 잘못을 인정하고 미래를 위해 의사결정을 바꾸는 리더를 사람들은 훨씬 더 존경합니다."(정재승,《열두 발자국》, 어크로스, 2018, 65쪽)

그렇다면 의사결정 시기는 언제가 좋을까요? 대부분은 빠르면 빠를수록 좋다고 답합니다. 과연 그럴까요? 짐 콜린스는 이렇게 주장합니다.

"유능한 경영인은 결정이 아무리 힘들고 어렵더라도 결코 미루지 않는다. 실패한 결정 열 개 중 여덟 개는 판단을 잘못해서가 아니라 '제때' 결정을 못 내렸기 때문에 실패한 것이다."

수많은 리더가 의사결정에 두려움을 느껴서 확신이 설 때까지 결정을 내리지 못하고 새로운 정보만 찾고 분석하는 과도한 조심 excessive caution 상태에 빠져서 미룰 수 있는 데까지 최대한 미루는 경우 late binding 가 의외로 많습니다. 그러나 리더는 절대로 우유부단해서는 안 됩니다.

훌륭한 리더들은 의사결정에 70퍼센트 룰을 적용합니다.

"나는 공식 P=40~70을 자주 사용한다. P는 성공할 가능성을 나타내며 숫자는 요구된 정보의 퍼센트를 나타낸다. 맞을 가능성이 40~70퍼센트 사이에 들 정도로 정보가 모이면 직감적으로 추진하라. 맞을 기회가 40퍼센트 미만일 정도로 정보가 적으면 행동을 취하지 말라. 하지만 100퍼센트 확실한 정보를 갖게 될 때까지 기다릴 수만은 없다. 그때가 되면 너무 늦기 때문이다."

이는 콜린 파월 미국 국무장관이 한 이야기입니다.

손정의 소프트뱅크 사장도 같은 이야기를 했습니다.

"승패의 확률이 5할일 때 싸움을 거는 자는 어리석다. 승률이 1, 2할일 때라면 당연히 싸움을 걸지 않을 테니까 문제가 되지 않는다. 하지만 그와 반대로, 9할의 승률이 7할의 승률보다 낫다고 생각하지도 않는다. 이것이 포인트다. 그 이유는 승률이 9할이 될 때에는 모든 것이 뒤처지기 때문이다."

아마존의 제프 베조스 회장 역시 같은 주장을 합니다.

"대다수의 결정은 정보를 70퍼센트쯤 얻었을 때 내려야 한다. 90퍼센트를 얻을 때까지 기다리면 대부분 늦게 된다. 어느 쪽을 택하든 틀린 결정을 빨리 알아채 바로잡을 줄 알아야 한다. 진로 수정에 능숙하다면, 틀린 결정도 생각보다 희생이 크지 않을 것이다. 하지만 느린 결정은 틀림없이 대가가 클 것이다."

미 육군사관학교와 해병대 리더십 교범에도 70퍼센트의 정확도라면 의사결정을 하라고 적시되어 있습니다.

답이 나온 것 같습니다. 그러나 70퍼센트 룰보다 더 중요한 것이 있습니다. 리더가 결정해야 할 마지노선을 미리 정하는 것이 바로 그것입니다. 의사결정 사안이 주어지면 앞뒤 사정을 정확히 판단하여 아무리 늦어도 언제까지는 결론을 내려줘야 한다는 데드라인을 정하는 것이 가장 중요합니다. 의사결정을 해야 하는 리더가 최우선으로 해야 할 일이 바로 이것입니다.

데드라인이 정해졌다면 가능하면 그 전에는 결정하지 말아야 합니다. 의사결정을 빨리 한다 하더라도 별다른 실익이 없습니다. 그러나 데드라인에 가까이 갈수록 정보가 취합되고 의사결정의 정확성이 높아집니다. 따라서 가능한 한 최대한 결정을 내리지 않고 미루는 것이 좋습니다. 물론 그 전이라도 확신이 선다면 굳이 데드라인까지 기다릴 필요는 없습니다.

반대로 데드라인이 지나면 의사결정의 효용성은 급격히 떨어집니다. 때로는 완전히 무용지물이 되는 경우도 있습니다. 따라서 데드라인이 되면 어떤 식으로든 반드시 결론을 내려줘야 합니다. 그 시점까지 최소한 70퍼센트의 확신이 서게끔 미리 준비하고, 고민하고, 결과에 대한 시뮬레이션을 해보아서 최선의 안을 반드시 선택해야 합니다. 그것이 바로 리더의 책임입니다.

의사결정 영역

다음은 모리타 아키오 소니 2대 회장의 이야기다.

1956년 소니가 개발한 트랜지스터 라디오를 가지고 모리타 사장이 뉴욕에서 라디오 판매상을 만났을 때, 판매상은 "우리 판매망을 통해 대량으로 팔려면 브랜드를 우리 것으로 바꿔 붙여야 합니다"라고 말하면서 적극적인 관심을 보였다. 모리타는 브랜드 조건 때문에 상담을 중지하고 동경에 있는 본사와 상의했다. 본사에서는 "브랜드 문제는 회사가 좀 성장한 후로 미루고, 지금 당장은 자금 사정이 어려우니 큰 주문을 놓치지 말아 달라"고 요청했다. 그러나 모리타 아키오는 심사숙고 끝에 소니 상표를 붙일 수 있는 소량 주문에만 응했다.

그가 내린 의사결정의 방향으로 가장 적절한 것은?

① 단기적 매출을 희생하고 장기적 목표를 지향한다.

② 스스로 공격하여 파괴함으로써 변화를 창조한다.

③ 누구도 찾지 못한 소비자의 욕망을 찾는다.

④ 회사가 가진 힘을 실제로 발휘할 수 있는 조건을 만든다.

⑤ 사회를 변화시키며 수익을 내는 비즈니스 모델을 찾는다.

문제 해설

답은 ①이다. 이와 같은 노력이 30여 년 쌓이면서 소니 브랜드는 세계 정상에 올랐고, 은퇴 회견에서 "당신이 소니를 위해 내린 의사결정 가운데 가장 자랑스러운 것 하나를 들라면 무엇을 꼽겠는가?"라는 질문에 모리타는 (단기적 매출을 희생하고 장기적 목표를 지향한) 1956년의 브랜드 고수를 꼽았다. 1999년 경제 전문지 《포천》은 역사상 가장 뛰어난 의사결정 중 하나로 모리타 아키오의 이 의사결정을 꼽았다. 한편 모리타 아키오가 처음 워크맨을 개발하겠다고 선언했을 때 사내의 전문가 모두가 강력히 반대했다. 누가 라디오도 아닌, 들고 다니는 음악 재생기를 사겠느냐고 주장했고, 전문가들의 의견도 덧붙였다. 모리타 아키오는 "만약 3만 개가 팔리지 않으면 회장을 그만두겠다"라고 선언하고 워크맨 개발을 강행했다. 결국 워크맨은 3억 대 이상 팔렸고, 소니를 세계 최고의 전자 회사로 발돋움시키는 핵심 상품이 되었다.

소통의 한계가
조직의 한계다

기업 경영의 과거형은 관리다.

경영의 현재형은 소통(커뮤니케이션)이다.

경영의 미래형 역시 소통이다.

| 마쓰시타 고노스케(마쓰시타전기산업 전 사장) |

　　　　소통의 중요성이 나날이 커지고 있습니다. 리더의 역량은 전문지식×커뮤니케이션 능력이라 할 수 있습니다. 아무리 전문지식을 쌓았더라도 그것이 제대로 전달되지 못하면 아무 쓸모가 없기 때문입니다. 커뮤니케이션 능력이 0점이라면 전문지식이 많다 하더라도 그 사람의 총역량은 0이라고 할 수 있습니다.

　소통은 탁월한 팀을 위한 필수 조건입니다. 팀 조직 전문가인 맥밀런은 고성과 팀의 가장 기본적인 특징으로 '개방적이고 솔직한 커뮤니케이션'을 들고 있습니다. 열린 커뮤니케이션을 통해 서로의 견해와 아이디어를 자유롭게 주고받으면 업무적으로도 지속적인 개선을 이룰 뿐 아니라, 유대감도 튼튼히 다져 탁월한 팀워크를 발휘함으로써 팀 성과, 나아가 기업 성과까지 향상된다는 것입니다.

　저명한 경영학자 레슬리스버거는 "경영관리의 요체는 의사소통에 있다. 의사소통과 정보 공유만 잘 되어도 직원들의 사기, 일할 의욕, 창의적 분위기가 몰라보게 증진된다"라고 적극적 커뮤니케이션과 정보 공유의 중요성을 역설하고 있습니다.

　특히 혼자서 자기 역량만으로 성과를 창출하는 것이 아니라 다른 사람과 함께, 다른 사람을 통해서 성과를 창출하는 것이 본연의 역할인 리더에게 커뮤니케이션 역량과 실제 커뮤니케이션의 중요성은 두말할 필요가 없을 정도로 막대하다 할 수 있습니다. 뛰어난 의사전달 방법을 개발하고 실천하는 것은 유능한 리더십을 위해서는 반드시 필요합니다.

　"어떤 일이 얼마만큼 진전되었는지 직원 모두가 알아야 한다. 그래야 적극적으로 동참하고 싶은 마음도 생겨난다. 얼마나 시급한지, 재정 여건은 어떠한지를 있는 그대로 털어놓는 것이 중요하다."

　빌 게이츠는 이렇게 말했습니다. 최고경영진에서 말단직원에 이르기까지 최종 목적에 대해 하나의 공감대를 이루는 회사가 성공합니다. 반면 아무리 현명한 경영전략을 세워도 직원들과의 공감대가 없으면 실패하고 맙니다.

　리더는 전 직원이 한 방향으로 힘을 결집할 때까지, 즉 모두가 비전과 전략, 그리고 상세한 회사 상황까지 완벽하게 공유할 때까지 최선을 다해 소통에 임해야 합니다.

오버
커뮤니케이션

조직에서 생기는 많은 문제점은 사람과 사람 사이의 커뮤니케이션 문제에서 비롯됩니다. 세계적인 컨설팅 회사에서 커뮤니케이션이 얼마나 어려운지를 실험을 통해 밝힌 바 있습니다. 해당 컨설팅 회사의 회장이 자신에게 직접 보고하는 10명의 글로벌 리더를 모아놓고 10분 동안 한 주제에 대해서 강력하게 이야기했습니다. 그러고 나서 바로, 본인이 이야기한 것을 수하 직원들에게 그대로 이야기해보라 하자 놀랍게도 20퍼센트는 완전히 다른 지시를 했고, 20퍼센트는 엉뚱한 내용을 강조, 30퍼센트는 중요도나 우선순위를 놓쳤습니다. 오직 30퍼센트만이 회장의 지시사항을 올바르게 제대로 전달했습니다. 실제 있었던 이야기입니다. 놀랍게도 경영현장에서 이와 유사한 경험을 자주 하게 됩니다. 저희 회사에서는 보통 월요일 아침 8시에 임원회의를 합니다. 9시쯤 되어 그 결과를 전달받은 팀장들은 직원들에게 핵심 내용을 공유합니다. 그런데 가끔은 팀장들이 그 내용을 이메일로 공유할 때가 있어서 참조로 보내진 메일을 읽을 기회가 있습니다. 그런데 놀랍게도 불과 한 시간여 전에 제가 지시했던 사항 중 절반만 제대로 전달되고 대략 50퍼센트는 제 의도와 다르게 전달되는 것을 볼 수 있습니다. 커뮤니케이션 이론에 의하면 한 단계를 넘어갈 때마다 정보 유실률이 30퍼센트라고 합니다. 대표이사가 임원에게 이야기하면 임원은 70퍼센트만 제대로 이해하고, 그것을 다시 팀장들에게 전달하면 원래 메시지의 49퍼센트만 전달됩니다. 이것을 다시 팀장들이 팀원들에게 전달하면 결국 원래 메시지의 34퍼센트만 정확하게 전달됩니다.

'모든 메시지는 전달 단계마다 잡음은 두 배로 늘어나고 메시지는 반으로 줄어든다'라는 연구 결과도 있습니다. 커뮤니케이션 효과를 높이려면 명령계층수를 최소화하는 것, 즉 수평적 조직을 만드는 것이 매우 중요합니다. 그러나 아무리 조직의 명령계층수를 축소하더라도 정보 유실을 완전히 막을 수는 없습니다. 최근 원형조직의 개념이 유행하는 것도 커뮤니케이션의 효과성 때문입니다. 계층별로 단계적으로 정보를 제공하는 대신 한자리에 모여서 토론하거나 한번에 정보를 공유하는 것, 그리고 이메일을 통해서 동일한 메시지를 명확하게 문자로 전달하는 방법 등도 커뮤니케이션 효과성을 높이기 위한 중요한 방법입니다.

페이스북 친구 한 사람이 이런 글을 올린 것을 보았습니다.

"내가 사장을 그만두고 나서 가장 후회하는 것이 한 가지 있다. 그것은 사장 재임 시 중요한 일이 있을 때, 그 내용을 직원들이 자꾸 반복해서 듣는 것을 싫어하더라도 좀 더 확실하게 오버해서 끝까지 이야기했어야 한다는 사실이다."

오버 커뮤니케이션over communication을 하지 못한 것이 가장 아쉽다는 이야기인데, 매우 공감이 갑니다. '오버'라는 말은 듣기에 썩 좋은 어감은 아닙니다. 무언가 과하고, 넘친다는 것이고 그만큼 상대를 귀찮거나 힘들게 할 수 있기 때문입니다. 그러나 리더는 아무리 직원들이 듣기 싫어하더라도 핵심 어젠다만큼은 완벽하게 소통될 때까지 끝까지 용기를 가지고 오버 커뮤니케이션을 해야 합니다.

앞에서 소개했듯이 잭 웰치 회장도 "열 번 이상 얘기한 것이 아니면 한 번도 이야기하지 않은 것과 같다"라고 오버 커뮤니케이션의 중요성을 강조했습니다. 구글의 에릭 슈미트 회장 역시 같은 주장을 펼쳤습니다. 델타 컨설팅에서는 중요한 메시지는 적어도 여섯 번 이상 전달하게끔 내부 방침을 정했을 정도입니다.

알아들을 때까지 끝없이 소통하는 노력을 해야 한다는 것은 제대로 전달되었는지 반드시 확인해야 한다는 의미이기도 합니다. 그렇게 여러 번 이야기했으니 당연히 알아들었겠지 하고 지레짐작해서는 안 됩니다. 실제로 충분히 이야기했으니 잘 알아들었을 것이고, 그대로 실천할 것이라고 생각했다가 뒤통수를 맞는 경우가 허다합니다. 전략과 실행 사이에 갭이 발생하는 가장 큰 원인은 제대로 커뮤니케이션 되지 않았기 때문입니다. 중요한 과제에 대해서는 제대로 전해 들었는지 다시 설명해보라고 요구할 수 있어야만 커뮤니케이션이 완성됩니다.

소통을 극대화하라

전 세계에서 가장 바쁜 경영자라 할 수 있는 구글의 래리 페이지 회장은 매주 금요일(최근에 목요일로 바꿈)에 전 직원이 참여하는 소통의 한마당TGIF을 직접 진행합니다. 전 세계 구글 직원 9만 명이 직접 모이기도 하고, 일부는 온라인으로 참여하기도 합니다. 실시간으로 참여하지 못한 직원은 촬영된 영상을 통해 이 내용을 확인합니다. 실제로 이 방송을 수만 명이 시청한다고 합니다.

TGIF에서는 전주에 있었던 주요한 일을 업데이트해서 공유하는데 제품 시연회, 신입사원 환영식까지 주제에 제한을 두지 않고 누구나 무슨 주제든 자유롭게 질의하고 응답하고 자기 의견을 제시합니다. 아주 사소한 질문도 있고, 사업에 관한 예민한 질문과 응답도 수시로 오간다고 합니다. 가끔은 얼굴을 붉히는 장면이 연출되기도 하고요. 질문은 사전에 온라인을 통해 받습니다. 그런데 그 결과가 놀랍습니다. 모든 직원이 회사에 무슨 일이 있는지 알게 되는 것은 물론, 자신의 부서가 아닌 다른 부서와 분야를 이해하게 되는 효과도 있습니다. 소모적인 논쟁도 자연스럽게 줄어듭니다. 한국 재벌 그룹의 총수가 과연 이렇게 할 수 있을까 생각해보면 얼마나 대단한 일인지 알 수 있습니다.

저는 소통의 중요성을 인식하면서도 매주 임직원들과 소통 한마당을 하는 것은 엄두가 나지 않아서 매달 1회씩 'CEO 툭앤톡'이라는 타이틀로 직원들과 툭 터놓고 이야기하는 자리를 마련했습니다. 그런데 처음 1년 정도는 너무 어려웠습니다. 농담 삼아 월급날보다 CEO 툭앤톡 하는 날을 더 피하고 싶다고 이야기할 정도였습니다. 원치 않는 질문을 받을 때도 있었고, 무엇보다 직원들의 냉소주의가 표출되는 부분이 정말 싫었습니다. 그러다 어느 순간 긍정적으로 생각하기로 했습니다. 그렇게 생각을 바꿔 적극적이고 긍정적으로 커뮤니케이션하게 노력하면서, 점차 직원들이 사장인 저를 신뢰한다고 느끼게 되었습니다. 무엇보다 뒷담화가 줄었고, 설사 누군가 술자리에서 회사에 대해 험담을 늘어놓는다 해도 다른 직원들이 적극적으로 회사의 상황을 대변해서 이야기하게 되어서 조직이 깨끗하고 투명하게 바뀌는 효과를 거두었습니다. 지금은 즐거운 마음으로 매달 한 번씩 직원들을 만납니다.

그렇다면 리더는 직원들과 어떤 내용에 대해 소통해야 할까요? 저는 분야를 가리지 않고 모든 것을 터놓고 이야기해야 한다고 생각합니다. 비전과 사명, 핵심 가치, 일에 대한 의미부터 시작해 전략과 회사의 모든 정보를 공유해야 합니다. 위기 상황이나 좋지 않은 일도 모두 숨김없이 터놓고 이야기해야 합니다. 직원들은 위기가 투명하게 공유될 때 그것을 극복하기 위해 노력하게 됩니다. 일부 리더들은 회사의 좋지 않은 재무 상황을 이야기하면 직원들이 겁을 먹고 움츠러들까 두려워 좋지 않은 정보나 재무 상황을 감추는 경우도 있습니다, 그러나 리더가 진정성을 갖고 제대로 터놓고 이야기하면 대부분의 직원은 오히려 위기를 타개하고자 함께 발 벗고 나서게 됩니다. 혁신 어젠다나 새로운 제도도 충분히 사전에 알리고 직원들의 의견을 수렴하는 장치를 마련해야 합니다. 신상품이나 새로운 솔루션, 회사가 최근에 집중하고 있는 프로젝트도 가능하면 최대한 자세히 공개해야 합니다. 현장의 소리, 고객의 칭찬 글, 고객의 불만사항도 마찬가지로 숨기지 말고 최대한 공유해서 한 배를 탄 가족임을 느낄 수 있게 해야 합니다.

커뮤니케이션
실전 팁

이렇게 커뮤니케이션이 중요하지만 소통을 잘하는 리더를 찾기가 쉽지 않습니다. 실제 현장에서 고려할 만한 효과적인 커뮤니케이션 팁을 몇 가지 공유합니다.

첫째, 'communication is relationship'이란 사실입니다. 커뮤니케이션은 메시지를 파는 것이 아니라 커뮤니케이션을 하는 자기 자신, 즉 메신저를 파는 일입니다. 메신저의 신념을 팔아야 메시지에 담긴 스토리가 팔립니다. 좋은 인간관계를 유지하면 커뮤니케이션이 원활하게 이뤄질 수 있습니다. 반면 인간관계가 소홀할 때는 비교적 쉬운 내용도 합의에 이르지 못할 수 있습니다. 따라서 일상생활에서부터 인간관계와 신뢰 구축에 힘써야 합니다. 무엇보다도 솔선수범과 언행일치, 정직성과 도덕성을 통해 신뢰를 얻는 것이 가장 중요합니다.

또한 직원들과 인간적인 친밀감을 유지하는 것도 소홀히 해서는 안 됩니다. 이나모리 가즈오 회장은 '콤파'로 유명합니다. 콤파란 근무시간이 끝난 뒤 직원들이 업무와 자기 삶에 대해 격의 없는 대화를 나누는 장입니다. 직원 수가 1만 명을 웃돌 때까지도 그는 가능한 한 많은 콤파에 참석하여 직원들의 이야기를 끊임없이 경청했습니다. 실제로 직원들과 부딪히는 시간이 많을수록 관계가 돈독해집니다. 정을 중시하고 또한 흥을 즐기는 한국 사회에서는 리더가 직원들과 어울려 술이라도 한잔하면서 인간적으로 친해질 수 있는 회식 자리도 중요합니다. 또 실수가 있을 경우 리더가 이를 공개적으로 인정하고 자신이 잘못한 것이나 자신의 약점을 있는 그대로 보여주는 것도 직원과 관계를 더 가까이 하는 데 촉진제 역할을 합니다.

둘째, 반복해서 말하는 것도 중요하지만 말 이외의 비언어적 커뮤니케이션도 중요하다는 것을 제대로 인식해야 합니다. 잘 알려진 메라비언의 법칙에 주목해야 합니다. 사람들은 말을 통해서는 오직 메시지의 7퍼센트만 이해하고 태도나 자세, 손놀림, 얼굴, 시선 등의 시각적 요소에 의해 55퍼센트, 그리고 소리나 목소리 톤과 자신감 등 청각적 요소에 의해 38퍼센트 이상 영향을 받는다고 합니다. '몸은 입으로 하는 말보다 더 많은 것을 이야기해준다' 라는 속담이 사실로 밝혀졌다고 할 수 있습니다.

때로는 대화의 내용이나 말보다 작은 미소나 어투, 어떤 행동이 더 기억에 남을 수 있습니다. 어투와 몸짓이 정겹다면 팀원은 대화의 시간을 기꺼이 즐길 테고, 리더가 솔선수범하는 행동을 보인다면 더더욱 그의 이야기에 귀를 기울일 것입니다. 이런 비언어적 요소들은 말보다 더욱 중요합니다.

저는 창업 초창기에 고객 행복의 중요성에 대해서 많은 시간을 할애하여 직원들과 커뮤니케이션을 했습니다. 매년 전 직원을 대상으로 팀별로 고객 행복 간담회를 열어 고객만족을 위한 100대 실천과제를 뽑아서 실천하고, 그 결과를 상세히 직원들과 공유했습니다. 그렇게 하다 보니 고객만족에 대한 직원들의 의식과 현장에서의 실천이 만족할 만한 수준으로 올라갔습니다. 이 정도면 되었다고 생각하여 또 다른 중요한 과제에 수년간 집중했고, 결과적으로 고객만족의 중요성을 강조하는 횟수가 상대적으로 다소 줄었습니다. 그러자 몇몇 직원들이 사장님이 이제 고객만족은 신경 쓰지 않는 것 아니냐는 우려를 전달했습니다. 아차 싶었던 저는 행동으로 보여주자고 결심했습니다. 그래서 고객 행복센터(콜센터)에 자리를 잡고 100일 동안 직접 그곳에서 근무했습니다.

그렇게 100일이 지나자 고객만족을 소홀히 한다는 우려는 말끔히 사라졌습니다. 이렇게 가끔은 말이 아닌 행동으로 보여줄 필요도 있습니다.

셋째, 말하는 것보다 경청하는 것이 더 중요합니다. 리더십은 마음을 얻는 것입니다. '이청득심以聽得心', 들어줌으로써 마음을 얻게 됩니다. 다른 사람의 말을 경청하는 것은 경영자로서 가장 효율적인 의사소통 방법입니다. 가장 훌륭한 경영자는 가장 훌륭한 경청자여야 합니다. 사람들은 리더가 자기 말에 귀 기울일 때 존중받는다고 느낍니다.

듣는 것의 효과는 이것 말고도 많이 있습니다. 제아무리 똑똑한 리더라 하더라도 모든 아이디어를 혼자서 다 낼 수는 없습니다. 귀 기울여 듣다 보면 직원들이 마음을 열고 입을 엽니다. 생각을 엽니다. 그중에는 보석과 같이 정말 훌륭한 아이디어들도 있습니다. 리더가 경청하는 모습을 보이면 그들은 적극적으로 의사결정에 참여하게 되고, 책임감을 갖고 끝까지 해내려고 합니다. 경청이 탁월한 성과를 창출하는 지렛대 역할을 하는 것입니다.

경청을 잘하는 방법은 어렵지 않습니다. 중요한 것은 진심으로 정성을 다해 들어야 한다는 것입니다. 그리고 들은 것에 대해서는 반드시 피드백을 해줘야 합니다. 직원들이 내놓은 아이디어나 제안이 타당하지 않다고 생각하면 그 이유를 상세히 이야기해야 합니다. 좋은 아이디어인데 당장은 실현이 어렵다면 그 이유에 대해서도 정확히 이야기하는 것이 좋습니다.

대화 도중 이야기를 끊지 않는 것도 매우 중요합니다. 누구나 경청의 중요성은 잘 알지만 실행하기는 어렵습니다. 계속 노력해야 하는 일입니다.

넷째, 질문으로 리드하라는 것입니다. 많은 경우 언제나 답보다 질문이 더 중요합니다. 답을 던져주고 지시하면 아무리 잘한다 해도 지시를 이행하는 수준을 넘을 수 없습니다. 수동적인 자세로 지시받은 임무만 해결하려고 합니다. 그러나 질문을 받으면 생각을 하게 됩니다. 그러면서 처음 리더가 지시했던 것을 뛰어넘어 문제의식을 확대하고 더 큰 과제와 해결책을 스스로 찾아내기도 합니다. 상상력과 창의력, 문제해결력이 커지고 덩달아 주인의식도 향상됩니다. 그 일의 주인이 되고, 능동적인 사람으로 바뀌게 됩니다.

처음엔 질문이 어렵더라도 익숙해지면 질문의 힘을 체감할 수 있습니다. 따라서 리더는 질문을 잘하는 스킬도 미리 키워둘 필요가 있습니다. '왜?'라고 다섯 번 물으라는 말이 있습니다. 다섯 번 물으면 대부분의 경우 그 일의 본질에 다가설 수 있습니다.

질문을 할 때는 열린 질문이어야 합니다. 열린 질문이란 대답이 '예', '아니요' 식의 단답형으로 끝나지 않고 자기 생각이나 의견을 넣어서 대답할 수 있는 방식의 질문을 의미합니다.

"이번 교육은 좋았나?"(폐쇄형)

"이번 교육에서 자네가 느낀 점은 무엇인가?"(개방형)

이와 같이 개방형의 열린 질문이 제시되었을 때 상대방도 질문에 답하기 위해 생각의 문을 열 수 있습니다.

또한 과거를 묻는 (질책성) 질문이 아니라 미래지향적 질문이 좋습니다. 가령 "도대체 왜 그 일을 하지 않았나?"라는 질책성의 과거지향적 질문보다는, "그 일을 완수하기 위해 어떻게 하는 것이 좋겠나?"라고 묻는 것이 문제 해결의 가능성을 높여줍니다.

또한 긍정형 질문이 부정형 질문보다 문제 해결에 더 효과적입니다. "어째서 일이 순조롭게 진행되지 않는 거지?"라고 묻는 부정형 질문보다, "어떻게 하면 일이 순조롭게 진행되겠나?"라고 묻는 긍정형 질문이 상대편으로부터 효과적인 문제의 해결책을 얻어내는 데 도움이 됩니다.

마지막으로 커뮤니케이션 과정에서 불편함을 감수해야 합니다. 만장일치보다는 다양한 의견이 나올 수 있는 분위기, 반대의견을 편안하게 이야기하게 하는 것이 중요합니다. 흔히 만장일치가 가장 좋은 결과라고 생각하기 쉽습니다. 그러나 의견의 일치가 아니라 불일치, 즉 반대되는 의견이나 다른 관점의 충돌에서 올바른 결정이 탄생합니다. 조급한 의견 일치보다는 의도적인 의견 불일치를 만들 수 있는 여유도 필요합니다. 내 의견과 다른 의견이 제시되면 불편한 것이 당연합니다. 그러나 나와 같은 의견은 당장은 달콤하지만 별 도움이 되지 않는 경우가 대부분입니다. 특히 리더가 자신의 의견과 같은 의견만 반긴다고 인식되면 조직 내에서 다양성, 창의성, 구성원의 적극성은 눈 녹듯 사라져버립니다. "만장일치를 구하지 말라. 올바른 결정은 반대되는 의견이나 다른 관점의 충돌에서 생성된다. 따라서 필요한 것은 의견의 일치가 아니라 불일치이고, 모두의 의견이 일치한 경우라면 결정해서는 안 된다. 성과를 올리는 사람은 의도적으로 의견의 불일치를 만들어내기도 한다"라고 피터 드러커도 이야기하고 있습니다.

유대인들 역시 "만장일치, 전원 찬성이 된 안건은 실행해서는 안 된다"라고 가르칩니다. 《탈무드》에 의하면 사형을 언도할 때 판사들이 만장일치로 판결했다면 그 판결은 무효입니다. 그 까닭은 재판에서는 언제나 두 가지 견해가 있어야지 한쪽의 의견밖에 나타나지 않는다면 공정한 재판이 아니라는 생각에서입니다. 의견 불일치가 있으면 충분히 시간을 갖고 다각적으로 검토하게 되어 참가자들의 이해도 깊어지고, 그만큼 잘못된 결정을 내릴 위험이 줄어듭니다.

그런 점에서 혼다의 전 사장인 가와시마의 다음 이야기는 큰 울림을 줍니다.

"최근 2~3년 동안 내가 말한 사항들이 사내에서 8할은 통과되었다. 6할이 넘으면 원맨 경영의 폐해가 나타나는 위험 신호라고 하는데, 그렇다면 지금 혼다는 위험 상태가 아닌가? 지금 상태에서 내가 계속 사장 자리에 있으면 우리 회사는 직선적으로밖에 성장하지 못한다. 그렇기 때문에 나는 퇴임을 결정했다."

일사불란하게 조직을 움직이는 것은 모든 경영자가 바라는 바일 것입니다. 그러나 그 누구도 전지전능할 수 없다는 점에서 중요한 결정을 독점하는 것은 결코 바람직하지 않습니다. 현재의 성공에도 불구하고 과감히 퇴임을 결심한 경영자의 참 정신이 느껴집니다.

경영자들은 조직 내 불협화음을 잘 참아내지 못하고, 좌불안석하기 쉽습니다. 그러나 강한 기업 체질을 만들기 위해서는 반대 의견이 자유롭게 노출될 수 있는 문화나 제도적 장치를 의도적으로 만드는 것이 필요합니다. 하버드 경영대학원의 마이클 로베르토 교수는 '아니다'라고 할 줄 모르는 커뮤니케이션의 결여가

1등 회사의 약점이라고 갈파하면서, '이견異見의 부재^{the absence of dissent}', 특히 최고경영진 앞에서 다른 의견이 개진되지 못하는 것이 1등 기업의 문제이며, 다수의 의견을 따르는 것이 반드시 현명한 결과를 낳는 것이 아니라고 강조하고 있습니다. 황창규 KT 회장의 이야기도 본받을 만합니다.

"내 사무실에는 나를 칭찬하는 사람은 못 들어오게 한다. 그런 사람이 있으면 나가라고 발로 찬다. 내 사무실에는 '이러면 안 됩니다. 저러면 안 됩니다' 이런 말을 하는 사람만 들어오게 한다. 이것이 나의 경영철학이다."

빌 게이츠도 항상 굿 뉴스보다는 배드 뉴스를 먼저 말하라고 직원들에게 이야기합니다. 리더는 좋지 않은 소리를 먼저 들을 줄 알아야 합니다.

마지막으로 최고경영진 멤버 간에 솔직하게 의사소통할 수 있는 문화를 만드는 것이 중요합니다. 특히 좋지 않은 이야기, 그리고 상대방에 대한 비판을 있는 그대로 할 수 있는 문화를 만드는 것이 중요합니다. 처음에는 상호 존중한다는 차원에서 해야 할 이야기도 하지 않습니다. 그러다 보면 점점 더 나쁜 소식을 이야기하지 않고 서로 감싸주는 문화로 자신들도 모르게 발전하게 됩니다. 결국에는 큰 문제가 일어나도 수습할 수 없는 지경에 이르게 됩니다. 듣기 싫어할 소리, 민감한 이야기라도 처음부터 편안하게 할 수 있는 문화는 매우 중요합니다. 물론 상대방에 대한 예의를 지키는 것과 흥분하지 않고 차분하고 정중하게 이야기할 수 있는 것은 기본이겠지요.

의사소통 영역

다음은 글로벌 기업들의 혁신 사례다.

① 구글은 직원들에게 업무시간 가운데 20퍼센트를 회사가 시키는 일 말고 자신의 아이디어로 창의적인 프로그램을 개발하는 데 사용하라고 장려한다. 여기서 생겨난 아이디어는 우선 '구글 랩스Google Labs'라는 사내 사이트에 올린다. 그리고 이들 아이디어에 다른 직원들이 얼마나 많은 관심을 보이느냐에 따라 프로젝트의 성패가 달라진다. 많은 관심을 받는 프로젝트는 회사 차원에서 전사적인 지원을 받고, 그렇지 못한 경우는 자연스럽게 폐기된다. 구글의 지역검색서비스 '스트리트뷰'가 바로 이런 과정을 거쳐서 만들어졌다. 구글은 직원들의 아이디어를 하나로 모으고 공유함으로써 혁신을 계속 창조하고 있는 것이다.

② 기업의 규모가 커지면 내부 조직 간에 높은 장벽이 생기게 마

련이다. 일단 장벽이 생기면 의외로 간단한 커뮤니케이션도 쉽지 않다. 이렇게 상하 간, 부서 간, 내외부 간 의사소통이 되지 않으면 정보의 흐름이 단절될 수밖에 없는데, 잭 웰치가 전략을 주장해온 것도 벽을 없애는 것이 그만큼 중요하기 때문이다. 바운더리리스, 즉 '벽 없는 조직'이란 계층 간, 부서 간, 사업 간 벽을 없애는 것을 일컫는다. 각 팀을 가로막고 있는 심리적 칸막이를 헐어버린다는 의미다. GE는 바운더리리스 조직으로 개편한 후 구성원들의 대화가 많아지고 조직은 활기를 띠기 시작했고, 이는 곧 생산성 개선으로 연결되었다. GE의 사례는 벽 없는 조직이 결과적으로 성과 향상으로 이어진다는 것을 잘 보여주고 있다.

③ 디즈니의 CEO인 마이클 아이즈너 회장은 디즈니를 10년 만에 여섯 배 규모의 초일류 회사로 탈바꿈시켰다. 조직 문화를 바꾼 것이 성장의 비결이다. 아이즈너 회장은 자기 자신을 포함하여 모든 직원이 직책과 관계없이 서로 이름만 부르게 했다. 이것은 창의적인 아이디어를 효과적으로 주고받는 데는 편안한 분위기 조성이 꼭 필요하다는 판단에서였다. 임원들의 직책명도 일반 기업이 아니라 할리우드 분위기에 어울리게 바꿨다. '콘셉트 개발 담당 부사장'을 '디즈니랜드 프로듀서'로 교체한 것을 예로

들 수 있다. 그의 목적은 창조적인 조직 문화를 통해 자신의 능력을 최대한 발휘하고, 조직원들 사이의 의사소통을 활발하게 하기 위해서였다.

조직 내 원활한 의사소통을 촉진하는 방법으로 올바른 것은?

① 서로의 의견을 끊임없이 비판하게 한다.

② 혁신적인 아이디어가 나올 수 있게 리더의 역량을 최대화한다.

③ 의사소통에 있어 상처받는 조직원이 생기지 않도록 심리적 안전장치를 마련한다.

④ 발언권을 얻은 자는 발언할 때 일어서서 한다.

⑤ 관료주의적 문화를 없애고, 창조적인 조직 문화를 만든다.

정답은 ⑤번이다. 성공한 기업들의 공통점은 조직 내 의사소통이 물 흐르듯 자연스럽다는 점이다. 지금 당신의 팀은 어떤 모습일까? 조직원 사이에 엄청난 벽이 가로막고 있지는 않은지 살펴보자. 관료주

의적 조직을 개방적이고 수평적인 문화로 바꾼다면 조직의 의사소

통은 훨씬 부드러워진다.

더불어 모든 구성원의 견해가 일치하면 그 안건을 재고해봐야 한다.

만장일치라는 것은 소수의 의견이 무시되거나 누락되었을 수 있음

을 반증한다. 어떤 환경에서나 탁월한 성과를 내는 팀은 팀원들에게

심리적 안전감을 주어, 자유롭게 자신의 견해를 표출할 수 있게 한

다. 팀원들이 서로 신뢰하고, 회의 시간에 솔직히 발언해도 응징받지

않을 거라고 확신할 때 그 팀은 성공한다.

CHAPTER 11

최강의 팀을
만드는 힘

내 성공의 10퍼센트는 비할 데 없이

왕성한 내 개인의 진취적 태도에 의한 것이고,

나머지 90퍼센트는 모두

강력한 나의 팀에 의한 것이다.

| 잭 웰치(GE 전 CEO) |

저는 경영을 공부한 지 35년이 되었습니다. 1985년 대학에 입학해 경영학을 전공했고 졸업 후 대기업에서 10년간 구매, 회계, 영업, 기획 업무를 맡았으며 회장부속실에서 미래 비전과 사업전략 실무를 담당했습니다. 직장생활을 하면서 공인회계사 시험에 합격했고 대학원에서 경영전략을 공부했습니다. 1999년 창업 후에는 20년간 사장 역할을 하면서 꾸준히 공부하고 경영, 리더십 관련 강의를 해왔습니다. 스스로 어느 정도는 이론과 실무를 겸비했다고 자평합니다.

지난 35년의 경험과 학습을 통해서 제가 내린 결론은 "경영에서 가장 중요한 제1의 원칙은 단연코 핵심 인재를 확보하는 것"입니다. 리더십도 마찬가지입니다. 여러 번 강조하지만 리더십은 성과를 창출하는 것입니다. 그리고 그 성과는 리더가 잘해서 내는 것이 아니라 구성원이 잘해서 나오는 것입니다. 따라서 탁월한 성과를 창출하는 핵심 인재를 확보하는 것은 경영뿐만 아니라 리더십의 요체입니다.

리더는 인재에 대한 욕심이 커야 합니다. 인재에 대한 욕심은 크게 세 가지로 나타날 수 있습니다. 첫째, 조직을 먹여 살릴 수 있는 S급 인재, 최소한 A급 이상의 인재를 확보하는 것에 대한 욕심입니다. 둘째, 현재 함께하는 인재를 육성시키려는 노력입니다. 기존 인재들을 최대한 빠르게, 더 높은 역량을 가지는 인재로 성장시키려는 욕심이 있어야 합니다. 셋째, 그렇게 노력을 해서도 성장하지 못하는 C급 인재를 퇴출시킬 수 있는 용기입니다. 오랫동안 지속적으로 성과를 창출하지 못하고 자세까지 나빠서 조직에 악영향을 끼치는 불량 인재를 용기가 부족해서 그냥 방치한다면 리더의 자질이 부족하다고 할 수 있습니다.

그럼에도 불구하고 많은 리더가 핵심 인재를 확보하려는 노력 대신 현재의 인력으로 최고의 성과를 내려고 노력합니다. 노력에 비해 결과가 좋지 않을 수밖에 없습니다. 물론 피터 드러커 교수는 "리더십이란 평범한 사람들로 비범한 성과를 내는 것"이라고 말합니다. 보통 사람들에게서 최상의 결과를 내게 하는 것이 중요하다는 말에는 100퍼센트 동의합니다. 그렇지만 보통 사람들로 비범한 성과를 창출하는 것과 특별한 사람들을 확보하여 그들의 잠재력을 최대한 발휘하게 하는 것은 하늘과 땅 차이입니다. 물론 조직의 최고 리더가 아닌 이상 핵심 인재를 확보할 권한을 온전히 얻지 못할 수도 있습니다. 그렇지만 핵심 인재를 확보하기 위해 가능한 모든 수단을 강구하는 것이 리더십의 출발점이라 할 수 있습니다.

채용이 전부다

유럽 프로축구 리그를 보면 세상을 깜짝 놀라게 할 천문학적 규모의 금액으로 뛰어난 선수를 스카우트하는 경우를 종종 볼 수 있습니다. 엄청난 이적료와 연봉이 놀랍지만, 그 선수들이 충분히 몸값을 하기에 가능한 일입니다. 손해 보는 장사를 하지 않는 것입니다. 저는 팀장 이상의 리더들에게 늘 강조합니다. 만약에 프로축구 감독이 되었다면 현재 있는 그저 그런 선수들로만 우승 경쟁을 할 것이냐고 말이지요.

핵심 인재에 대한 욕심은 리더라면 누구나 가져야 할 기본 자세입니다. 세계 초일류 기업을 일군 위대한 경영자들을 보면 쉽게 이해할 수 있습니다. 이건희 삼성 회장은 '이제 한 명이 10만

명을 먹여 살리는 시대'라면서 핵심 인재 확보에 열을 올렸습니다. 탁월한 성과를 창출한 리더들에게는 연봉 100억 원도 훌쩍 넘기는 보상을 아끼지 않았습니다. 핵심 인재들이 모여든 결과 탁월한 성과를 내는 것입니다.

스티브 잡스의 인재 사랑도 잘 알려져 있습니다. 스티브 잡스는 "삶에서 만나는 것은 대부분 최고와 평범함 사이의 차이가 30퍼센트 정도다. 최고의 항공 여행, 최고의 식사, 이런 것들은 평범한 항공 여행이나 식사에 비해 30퍼센트가량 더 낫다. 하지만 사람은 다르다. 평범한 인재보다 50배 이상 뛰어난 인재들도 있다"라고 말했습니다. 그는 회사에 이류 인재가 넘치지 않게 특별히 경계했습니다.

"사람들은 '뛰어난 인재들은 다른 사람들과 함께 일하는 걸 싫어할 것'이라고 말한다. 하지만 나는 A급 선수들은 A급 선수들과 함께 일하는 걸 좋아한다는 사실을 깨달았다. 그들은 단지 C급 선수들과 일하는 걸 싫어할 뿐이다."

스티브 잡스는 C급 인재는 과감하게 내보내고 세상을 바꿀 만한 핵심 인재를 확보하기 위해 전 세계를 뒤지고 다녔습니다.

세계 최고 기업을 일군 아마존의 제프 베조스는 아마존 성공의 가장 중요한 비결이 무엇이냐는 질문에 "창업 후 지난 25년간 채용의 기준bar을 높게 설정하고, (절대 타협하지 않고) 그 기준을 계속 고수한 것"이라고 답했습니다. 그는 "완벽한 직원이 회사를 그만두는 것보다 잘못된 사람을 채용했을 때의 부작용을 감당하기가 더 힘들다"라고 우수 인재 채용의 중요성을 강조합니다.

아마존에서 사람을 채용할 때는 아래와 같은 세 가지 질문을 통과한 사람을 채용하는 것을 원칙으로 합니다. 첫째, 이 사람을 존경할 수 있을까?(Will you admire this person?), 둘째, 이 사람이 조직의 평균 효율성을 높일 것인가?(Will this person raise the average level of effectiveness of the group they're entering?), 셋째, 이 사람은 어떤 면에서 슈퍼스타가 될 수 있을까?(Along what dimension might this person be a superstar?)

초창기에 직원들의 채용을 직접 챙기던 제프 베조스 회장은 직원의 규모가 폭발적으로 늘어나자 자신을 대신할 '기준평가관Bar Raiser' 제도를 만들어 운영하고 있습니다. 기준평가관은 채용 기준을 끌어올리는 사람입니다. 이들은 입사 대상자가 '기준'을 떨어뜨릴 가능성이 크다고 생각하면 채용 거부권을 행사할 수 있습니다.

핵심 인재는 스스로 탁월한 성과를 내는 것은 물론이고, 또 다른 핵심 인재를 끌어들인다는 점에서도 매우 중요합니다. 사람들은 자신보다 더 뛰어난 사람, 배울 것이 많은 동료나 상사와 함께 일하고 싶어 합니다. 핵심 인재들은 다른 사람들에게 자신의 경험과 노하우를 전수해서 조직 전체의 역량을 제고시키는 역할도 수행합니다. 동료들의 눈높이를 높이고 선의의 경쟁에 나서게 해서 조직에 건강한 긴장감을 불어넣기도 합니다. 핵심 인재를 확보하는 데 전력을 다하지 않고 탁월한 성과를 창출하려는 것은 있을 수 없는 일입니다. 그것은 위대한 리더가 되는 길을 처음부터 포기한 것과 같습니다.

저는 좋은 기업을 넘어 위대한 기업을 향한 도전을 시작한 이래, 리더급부터 일반 직원까지 A급 이상의 인재만 채용하겠다고 공개적으로 선언했습니다. 저는 다음과 같은 기준으로 인재를 평가합니다. S급은 누가 시키지 않아도 마치 본인이 사장의 자리에 있는 것처럼 어젠다를 설정합니다. 즉 사장의 관점으로 자신의 과제를 스스로 설정하여 결과를 만들어내는 인재를 S급 인재로 평가합니다. A급은 리더가 주요한 안건에 대해 기본 취지만 이야기해주면 스스로 알아서 해내는 사람을 말합니다. B급은 상사가 수차례 코칭해주면 시간이 다소 걸리더라도 나름의 성과를 내는 사람입니다. C급은 아무리 코칭해도 성과를 내지 못하는 사람, 그리고 자세가 나빠서 조직 전체에 부정적인 영향을 끼치는 사람을 말합니다.

A급으로만 조직을 구성할 수는 없습니다. 프로 선수 중 최고의 선수들로만 구성된 미국 농구팀이 올림픽에서 금메달을 따지 못하는 경우도 많습니다. B급 인재도 회사에 반드시 필요한 인재입니다. 그러나 처음부터 채용 기준을 낮춰서 B급을 채용해놓고 보면, 나중에 C급으로 판명이 나는 경우가 많습니다. A급이라고 판단해서 뽑았지만 그중 절반은 나중에 B급 인재로 밝혀지는 것이 일반적이라 하겠습니다. A급 이상만 채용하겠다고 고집하는 이유입니다.

가끔 사장님들을 대상으로 강의할 때 저는 다음 A와 B 중 누구를 채용하겠느냐고 묻습니다. A는 인성은 80점인데 역량이 20점이고, B는 인성은 20점인데, 역량은 80점인 경우입니다. 이들 중 누구를 채용할 것인지 말이지요.

약 80퍼센트의 리더들은 A를 채용한다고 말합니다. 인성은 잘 바뀌지 않는다는 것이 선택 이유입니다. 20퍼센트는 B를 채용한다고 말합니다. 당장 활용하기에는 B가 더 낫다는 것이 이유입니다. 생각해보시죠.

정답은 둘 다 뽑지 않는 것입니다. 사람들은 결원이 생기고 오랫동안 좋은 사람이 뽑히지 않으면 쉽게 타협해서 원하지 않는 사람을 채용해버립니다. 그렇지만 절대 타협하면 안 됩니다. 맘에 드는 사람을 만날 때까지 계속 찾아야 합니다.

"대부분의 회사에서 사람들은 인재 선발에 2퍼센트의 시간을 들이는 반면, 채용 실수를 관리하는 데 74퍼센트의 시간을 소비한다."

캐피털원 회장 리처드 페어뱅크가 한 말입니다. 이는 리더라면 누구나 가슴 깊이 새겨야 할 경구입니다.

휴넷에서는 신입사원 채용 시 3개월간의 베이직 기간을 상호 간에 미리 합의합니다. 신입사원도 회사가 맞지 않으면 포기할 수 있고, 회사에서도 적합하지 않다고 판단되면 자연스럽게 내보낼 수 있는 일종의 숙려기간이라 할 수 있습니다. 저는 이 기간을 채용 실수를 만회할 수 있는 마지막 기회라고 강조합니다. 3개월 정도면 대략 파악할 수 있습니다. 실제로 10퍼센트 정도의 베이직 탈락률을 보이고 있습니다.

우수 인재를 확보하기 위한 전쟁(?)은 여기서 그치지 않습니다. 수년 전에는 퇴사 보너스 제도를 도입했습니다. 베이직 통과가 확정된 순간 인사팀에서 이메일을 보냅니다. '앞으로 한 달 이내에 퇴사하면 보너스 300만 원을 드리겠습니다.'

실제로 지난 2년여 동안 다섯 명의 직원이 퇴사 보너스를 받고 퇴사했습니다. 처음에는 화도 나고 돈도 아깝다는 생각을 했습니다. 괜한 짓(?)을 했다는 후회도 했습니다. 그러나 지금은 매우 잘 만든 제도라 생각합니다. 평균 연봉을 5,000만 원이라고 가정한다면 300만원은 보름치 급여가 조금 넘습니다. 그러나 휴일을 빼면 10일 정도 더 근무한 월급에 해당합니다. 3개월도 안 된 신입사원이 10일 더 일해봐야 큰 부가가치를 창출하기는 어렵습니다. 반대로 회사에 불만을 품고 있으면서 언제든 나가겠다는 생각으로 장기간 근속한다면 그 보이지 않는 폐해는 막대하다고 볼 수 있습니다. 그런 것을 미연에 방지할 수 있으니 참으로 잘 만든 제도라 생각합니다. 퇴사 보너스를 200만 원에서 300만 원으로 올린 이유가 여기에 있습니다.

만약에 퇴사 보너스 제안을 받고서도 한 달이 지나도록 퇴사를 하지 않고 회사를 계속 다니는 사원들은 '나는 돈 때문에 휴넷을 다니는 것이 아니다'라는 자부심을 더 강하게 가질 수 있는 부수 효과까지 거둘 수 있습니다.

한편 사람을 채용하는 것도 중요하지만 적재적소에 배치하는 것도 매우 중요합니다. 특히 리더로 성장할 수 있는 사람과 전문가 트랙을 밟을 사람을 제대로 구분해서 활용하는 것이 중요합니다. 일반적으로 일을 잘하는 사람이나 특정 분야의 전문가라면 당연히 리더로서도 제 역할을 훌륭하게 해내리라 지레짐작하고 그를 리더의 자리에 앉히곤 합니다. 그러나 전문가로서 일을 잘하는 사람이 반드시 리더의 역할을 잘하리라는 보장은 없습니다. 오히려 그 반대의 경우가 많습니다.

리더는 사람을 잘 다룰 줄 알아야 합니다. 자기 일을 잘하는 전문가라 하더라도 사람을 다루는 일은 잘하지 못하는 경우가 많습니다. 전문가에게 리더의 자리를 맡길 때는 초기에 집중 코칭하여 사람을 다루는 일을 잘할 수 있게 지원해야 합니다. 그래도 맞지 않는다고 생각하면 과감하게 리더의 자리에서 내려오게 하고, 전문가 트랙만 밟아가게끔 경력을 설계해주어야 합니다.

차세대 리더로 육성하기 위한 잠재 리더를 선별하는 기준을 미리 세워둘 필요가 있습니다. 차세대 리더군에 뽑힐 사람은 첫째, 일을 잘하는 사람이어야 합니다. 이길 줄 아는 사람이 계속 이깁니다. 물론 리더십은 본인이 잘해서 성과를 창출하는 것이 아니라 다른 사람을 통해서 성과를 창출하는 것이지만, 성과를 창출할 줄 아는 방법을 알아야 제대로 된 사람을 뽑아 쓸 수 있고, 그들을 제대로 코칭할 수 있습니다. 그리고 경우에 따라서는 리더가 직접 나서서 문제를 해결해야 할 때도 종종 있기 때문입니다.

둘째, 일을 잘하는 사람 중에서 다른 사람을 활용할 줄 모르는 사람, 사람을 다룰 줄 모르는 사람, 사람의 중요성을 이해하지 못하는 사람은 제외해야 합니다. 셋째, 인성에 문제가 있는 사람, 특히 에고가 강한 사람, 겸손하지 못한 사람은 후보군에서 배제시켜야 합니다. '의인불용 용인불의', 즉 '의심스러우면 쓰지 말고, 쓰게 되면 의심하지 말라'는 인사원칙을 가지고 있었던 고 이병철 삼성 창업회장은 차년도 사장과 임원 임명을 위해서 7월부터 12월까지 1년 중 절반의 시간을 제대로 된 리더를 판명해내는 데 쏟았다고 전해집니다.

심리적 안전감을 부여하라

구글은 데이터 분석을 통해 인사관리를 하는 것으로 유명합니다. 특히 1만 개에 달하는 팀 중에서 어떤 팀이 성과를 잘 내는지, 어떤 리더십을 갖춘 리더들이 남다른 성과를 내는지를 집중적으로 연구하고 있습니다. 이를 '산소 프로젝트'로 명명했습니다. 그 결과 리더가 갖춰야 할 행동들을 정리해서 발표합니다. 그리고 반기별 리더십 피드백 설문을 통해 이를 매년 조금씩 업데이트합니다. 최근 결과를 보면 다음과 같습니다.

구글 매니저의 10가지 행동 지침

---

1. 좋은 코치가 되어라.

2. 직원들에게 권한을 위임하고 지나치게 간섭하지 말라.

3. 팀원의 성공과 행복에 관심을 가지며, 통합적인 팀 문화를 구축하라.

4. 생산적이고 결과 지향적으로 행동하라.

5. 좋은 커뮤니케이터가 되고 팀원들의 얘기에 귀를 기울여라.

6. 경력 개발을 지지하고 성과에 대해 논의하라.

7. 팀의 비전과 전략을 명확히 하라.

8. 필요시에 직원들을 도울 수 있는 핵심적인 기술을 갖추라.

9. 구글 전체로 협업하라.

10. 강력한 의사결정자가 되어라.

구글은 산소 프로젝트에 이어 '아리스토텔레스 프로젝트'로 명명한 장장 4년에 걸친 대규모 프로젝트를 통해 지속적으로 탁월한 성과를 창출한 팀의 특성을 찾아냈습니다. 그 결과, 탁월한 팀은 리더 개인이 훌륭한 팀도 아니고 팀원 모두가 뛰어난 사람들로만 구성된 팀도 아니었습니다. 지속적으로 탁월한 성과를 내는 팀은 팀 내 구성원 모두가 심리적 안전감psychological safety을 가진 조직이었습니다.

심리적 안전감이라는 개념이 최근 들어 자주 회자되고 있습니다. 일부는 '심리적 안정감'으로 번역하기도 합니다. 우리나라에서는 상명하복식 기업문화 때문에 직원들이 자신의 의견을 있는 그대로 솔직하게 표출하기가 쉽지 않습니다. 심리적 안전감이라는 개념은 특히 수직적이고 위계적인 문화의 문제점, 튀면 죽는다는 생각에 눈치 보면서 하고 싶은 얘기를 제대로 꺼내지 못하는 한국 기업에 매우 시급하게 적용되어야 할 개념이라고 생각합니다.

한국 역사에 남을 2002년 월드컵 당시 히딩크 감독이 부임하자마자 팀 소통 분위기를 바꾼 사례를 잘 기억할 것입니다. 당시 화제가 되었던 내용 중 대표 팀의 막내 격인 이천수 선수가 최고참인 홍명보 선수에게 "명보야!"라고 부르게 하고, 상호 간에 반말을 하게 했던 일이 있었습니다. 상하위계조직이 확실한 한국 대표 팀 문화에서 나이를 떠나 소통을 극대화하기 위한, 즉 팀 내에

심리적 안전감을 심기 위한 극약 처방이었던 것으로 기억합니다.

그렇다면 심리적 안전감이란 구체적으로 어떤 것일까요? 하버드대학교의 에이미 에드먼슨 교수는 자신의 저서 《두려움 없는 조직The Fearless Organization》에서 이를 자세히 설명하고 있습니다. 그는 심리적 안전감이란 "보복을 두려워하지 않고 어떤 문제를 솔직하게 터놓을 수 있는 조직환경', '위험한 것을 시도할 수 있는 안전한 공간이자, 팀원이 공유하는 믿음'으로 정의했습니다. 대인관계를 맺을 때의 환경, 구체적으로는 '위험을 감수할 수 있는 환경'을 의미합니다.

심리적으로 안전감이 드는 환경에서 사람들은 다른 사람들이 자신의 목소리를 반긴다고 느낍니다. 업무와 관련해 어떤 말을 하더라도 벌을 받지 않을 것이라 생각합니다. 본인이 하는 말이 업무와 관련된 나쁜 소식, 도움 요청, 혹은 실수를 인정하는 말일지라도 아무런 보복이 없을 것이라고 믿는 분위기를 말합니다. 팀원들은 자신의 의견을 거리낌 없이 발표하고, 다른 팀원의 발언에 대해 빈정대거나 비웃지 않습니다. 이러한 심리적 안전감은 상호 신뢰와 상호 존중으로 요약되는 팀 문화의 특징입니다. 요컨대 팀원들이 자신의 본래 모습대로 편안하게 행동할 수 있는 문화입니다. 복잡하고 예측이 어려운 경영 환경에서 훌륭한 성과를 내기 위해서는 심리적 안전감이 더더욱 필요합니다.

에이미 에드먼슨 교수는 또한 심리적으로 안전한 환경이 조직으로 하여금 치명적 실수를 피하게 하고 학습과 혁신을 촉진한다고 설명합니다. 심장외과에서 개발한 최소절개수술법을 각 병원이 채택하는 양상을 연구해보니, 간호사들이 부담 없이 문제를 지적하고 의견을 개진할 수 있는 팀이 새로운 수술법을 더 빨리 터득한다는 사실을 발견했습니다.

팀원이 상사의 견해에 이의를 제기하거나 비평하고, 타인의 아이디어에 반대 의견을 내고 논쟁하는 걸 두려워하면 혁신이 위축될 수 있습니다. 본인의 의견을 말하는 것을 두려워하거나 새로운 아이디어를 제안하는 것을 무서워한다면 단순하게 팀원들 사이에 소통이 잘 되지 않는 것에서 직원들이 (중요한) 문제를 숨기는 것까지 다양한 문제가 발생할 수밖에 없으며, 기업의 성과에도 악영향을 미칠 수 있습니다. 불확실한 상황에서는 개인이 자신의 목소리를 내려는 의지가 있어야 합니다. 혹 누군가가 제안한 아이디어가 뛰어나지 않더라도, 타인이 해당 아이디어를 들으며 숨은 의미를 찾으려고 하는 것이 개인이 속으로만 아이디어를 간직하고 있는 것보다는 낫습니다.

구글의 아리스토텔레스 프로젝트 결과를 상세하게 정리해보면 다음과 같습니다. 어떤 팀은 개인이 팀원들로부터 안전을 느끼고 활력이나 자극을 얻는 반면, 어떤 팀의 개인들은 팀원들에게 위협을 받고 무력감과 좌절감을 받는다고 이야기합니다. 물론 탁월한 성과를 창출하는 팀원들은 팀에서 활력을 북돋워주는 느낌을 많이 받는다고 말합니다. 높은 생산성을 올리는 팀의 리더들은 팀원들에게 자신의 생각을 자유롭게 말하라고 독려하고, 팀원들은 자기 약점까지도 숨김없이 드러낼 수 있다고 생각하며 반박과 경멸을 두려워하지 않고 어떤 아이디어라도 제시할 수 있으며, 가혹한 비판을 자제하는 문화가 형성되어 있습니다. 집단 규범으로 유대감을 조성하는 동시에 팀원들에게 무엇이든 과감하게 시도해보라고 독려합니다. (찰스 두히그,《1등의 습관》, 알프레드, 2016)

'실패해도 그에 따른 징계가 없게 하라, 엉뚱한 의견도 존중하라, 상대의 결정에 거리낌 없이 의문을 제기하지만 상대를 폄하하는 게 아니라는 믿음을 심어주어라' 등의 내용은 에드먼슨 교수가 말한 심리적 안전감과 궤를 같이합니다. 이런 팀에서는 팀원들이 끊임없이 새로운 농담과 아이디어를 툭툭 던질 수 있을 만큼 서로를 편안하게 느끼기 마련입니다. 언제라도 엉뚱한 아이디어를 꺼낼 수 있고, 위험 부담이 큰 기획에도 도전할 수 있으며, 서로 자신의 감정을 솔직하게 드러낼 수 있는 문화가 조성되어 있습니다.

　훌륭한 팀에는 두 가지 공통점이 있었습니다. 첫째, 모든 팀원이 거의 같은 비율로 발언한다는 특징입니다. 누구에게나 발언권이 보장된 팀은 원만하게 굴러갑니다. 그러나 한 사람이나 한 팀이 발언권을 독점하는 경우에는 집단지성의 힘이 발휘될 수 없습니다. 대화에서 모두의 발언량이 매번 똑같을 필요는 없지만, 훌륭한 팀의 경우 전체적으로 계산하면 균형이 잡혀 있습니다. 팀 회의를 끝내고 나서 실제로 한번 측정해보면 좋은 시사점을 얻을 수 있을 것입니다.

　둘째, 팀원들의 사회적 감수성이 평균적으로 높다는 것입니다. 그들은 목소리와 말투 및 몸짓과 표정을 보고 상대의 기분을 직관적으로 헤아리는 능력이 뛰어났습니다.

　심리적 안전감은 직원들 사이에 아이디어가 자유롭게 공유되게 만듭니다. 물론 그 과정에서 마찰이 일어나기도 하고, 개인의 아이디어에 반대하는 일도 생깁니다. 하지만 좋은 전략적 결정을 내리고 혁신을 일으키는 데에는 이런 과정이 필요합니다. 심리적으로 안전한 환경에서 일한다는 것이 언제나 사람들이 편안함을 느끼고, 서로의 말에 동의하며, 서로에게 무조건 친절을 베푼다는 의미는 아닙니다. 또 심리적 안전감이 있는 회사에서 일하는 직원이라고 해서 언제나 타인의 무한한 지지나 칭찬을 받는 것은 아닙니다. 다시 말하면 심리적 안전감은 무조건 편안하기만 한 분위기가 아닙니다. 개인이 자신의 의견을 솔직하게 말하고, 더 좋은 결정과 더 나은 제품을 만들기 위해 마찰을 감수하려는 사람들의 의지가 있는 환경이 진정한 심리적 안전감을 주는 환경이라 할 수 있습니다.

심리적 안전은 쌍방향입니다. 탁월한 성과를 나타내는 팀원들은 서로 상대의 아이디어를 거침없이 비판했지만 그런 비판이 일정한 경계선을 넘지 않게 조심할 줄 알았습니다. 비판을 하더라도 상대를 존중하고 상냥한 태도를 유지할 줄 아는 사람들이었습니다. 내가 상대방의 아이디어를 안심하고 비평할 수 있다면 상대방도 똑같이 내 아이디어를 안심하고 비평할 수 있어야 합니다. 상대의 직급이 나보다 높든 낮든 상관없어야 합니다. 소위 '계급장 떼고' 편안히 하고 싶은 이야기를 할 수 있어야 합니다. 솔직함이야말로 아이디어를 발전시킬 수 있는 수단이자 혁신의 필수 요소입니다. 상대방을 솔직하게 비평하고 그것을 받아들이는 것은 서로를 존중하는 방식 중 하나입니다. 자기 아이디어에 대해 혹독한 비평을 받아들이려면 그 피드백을 하는 사람의 의견을 존중해야만 가능하기 때문입니다. 타인의 아이디어에 대해 거칠지 않으면서도 건설적인 비평을 하는 문화를 만들어가야 합니다.

리더들은 심리적 안전감을 구축하기 위해 팀원들에게 보살핌을 받는다는 확신을 심어주도록 노력해야 합니다. 팀원들이 각자의 의견을 거리낌 없이 발표하게끔 독려하고, 모두가 발언권을 보장받는다는 확신을 가질 수 있게 해야 합니다. 팀원의 발언을 도중에 끊지 않고, 서로 의견이 충돌하더라도 정직하게 토론하게 이끌어야 심리적 안전감이 자리를 잡습니다.

구글은 심리적 안전감을 조성하기 위해 리더가 점검해야 할 사항을 다음과 같이 정리했습니다.

첫째, 리더는 팀원의 말을 도중에 끊지 말아야 한다.

둘째, 리더는 팀원이 발언을 끝내면 그 내용을 요약함으로써 귀 담아 듣고 있다는 사실을 입증해 보여야 한다.

셋째, 리더는 모르는 것을 모른다고 흔쾌히 인정해야 한다.

넷째, 리더는 모든 팀원에게 적어도 한 번 이상의 발언 기회를 주어야 한다.

다섯째, 리더는 곤경에 빠진 팀원이 좌절감을 털어놓을 수 있게 독려하고, 팀원들에게는 개인적인 비판을 삼가게끔 유도해야 한다.

여섯째, 리더는 팀 내의 갈등을 공개적인 토론을 통해 해소해야 한다.

회의를 진행할 때 자신이 경청하는 모습을 보여주는지, 팀원들의 말을 도중에 끊지는 않는지, 또 팀원 모두에게 발언할 기회를 주려고 독려하는지, 팀원들이 아무리 솔직하게 발언해도 응징받지 않을 거라고 확신하는지 계속 체크하면서 팀 회의를 진행한다면 그 조직의 심리적 안전감은 분명 금세 개선되리라 믿습니다.

성과를 창출하는 조직 문화

> "경영자는 시간을 알려주는 사람이 아니라, 시계를 만드는 사람이다. 한 번만 시간을 알려주는 사람보다는 그가 죽은 후에도 계속 시간을 가르쳐줄 수 있는 시계를 만드는 사람이 훨씬 가치 있는 일을 하는 사람이다. 뛰어난 아이디어를 가졌거나 카리스마적인 지도자가 되는 것은 '시간을 알려주는 것'이고, 한 개인의 일생이나 제품의 라이프 사이클을 뛰어넘어 오랫동안 번창할 수 있는 기업을 만드는 것은 '시계를 만드는 것'이다."

《성공하는 기업들의 8가지 습관》이라는 책에서 짐 콜린스는 영속하는 기업의 위대한 경영자는 시간을 알려주는 사람이 아니라 시계를 만드는 사람이라고 말했습니다. 경영자가 직접 나서서 하나하나 업무를 지시하는 것은 시간을 알려주는 것입니다. 사람들은 그 경영자가 현장에 없으면 혼자서는 시계를 볼 줄 몰라서 몇 시인지도 모르게 됩니다. 경영자가 현장에서 실무를 같이 해줄 때에는 나름대로 성과를 거둘 수 있지만 경영자가 사라진 순간 쇠퇴의 길을 걷게 됩니다.

반면에 경영자가 시간을 알려주는 대신 시계를 만들어놓으면 경영자가 없어도 사람들은 스스로 시계를 볼 수 있고 언제든 불안해하지 않고 자기 일을 차분하게 할 수 있습니다. 리더십의 마지막 단계는 시계를 만들어놓고 떠나는 것입니다. 재직할 동안만 성과를 내는 리더는 반쪽짜리 리더입니다. 자신이 몸담고 있던 조직을 떠나고 나서도 오랫동안 탁월한 성과를 내게 만드는 리더가 진정 위대한 리더입니다. 리더십 평가의 잣대는 재임 당시의 성과가 아니라 퇴임 이후 얼마나 오랫동안 탁월한 성과를 창출하는가로 바뀌어야 합니다.

물론 창업 초기부터 시계를 만드는 데 집중하는 것은 현실적으로 많은 어려움이 따릅니다. 상황 리더십에서 살펴본 것처럼 초창기에는 오히려 리더가 직접 모든 일을 다 하는 것이 보다 현실적인 접근이라 할 수 있습니다. 사람, 시스템, 제도, 문화 등 아무

것도 갖춰지지 않은 상태에서 시계를 만드는 데에만 집중하는 것은 현실을 모르는 일이 될 수 있고, 오히려 조직을 망가뜨리는 결과를 초래할 수도 있습니다. 그러나 사정상 처음부터 시계를 만드는 역할을 하지는 못하더라도 최소한 그 중요성을 인식하고, 조직이 체계를 갖추게 되면 언제든 시계 만드는 역할의 비중을 높여갈 준비를 미리미리 해두어야 합니다.

그렇다면 시계를 만든다는 것은 무엇을 의미할까요?

퇴임하기 오래전부터 자신의 후계자를 육성하는 것이 그 한 가지가 될 수 있습니다. 제도와 시스템을 튼튼하게 만드는 것도 시계를 만드는 것입니다. 사람을 육성하고, 먼 미래를 내다보는 투자와 기술개발도 시계를 만드는 일이라 하겠습니다. 이처럼 당장은 성과가 나오지 않더라도 미래를 위해 진행하는 다양한 투자가 모두 시계를 만드는 일이라 할 수 있을 것입니다.

그중에서도 탁월한 성과를 창출할 수 있는 조직을 만드는 것, 무엇보다도 탁월한 조직 문화를 구축하는 것이 중요합니다. 좋은 문화가 좋은 성과를 불러온다는 것은 이제 상식이 되었습니다. 문제는 문화를 만드는 일이 결코 쉽지 않고, 시간도 오래 걸린다는 사실입니다. 따라서 리더는 의식적으로 문화 만들기에 전념해야 합니다.

기업마다 가지고 있는 독특한 기업 문화는 구성원의 행동양식을 규정하고 해당 기업의 성과에 큰 영향을 미칩니다. 구성원들이 가진 눈에 보이지 않는 가치와 신념, 그리고 이들이 조직 내에서 나타내는 행동양식의 근저에 깔린 습관과 전통까지 포함한 것이 기업 문화라고 할 수 있습니다. 탁월한 성과를 창출할 수 있는 기업 문화는 다음과 같은 속성들을 포함합니다. 먼저 사람을 중시하고, 사람을 존중하고 키워주는 인간 존중의 문화입니다. 사람을 중시해야 인재들이 모여들고, 이들 각자를 존중해야 몰입해서 일할 수 있습니다. 이렇게 인재가 모여들어 몰입해서 일할 때 탁월한 성과가 창출됩니다.

고객을 중시하는 고객중심 문화 역시 중요합니다. 회사나 상사는 직원을 행복하게 하고, 그렇게 행복해진 직원이 고객의 행복을 위해서 최선을 다하는 고객행복 경영은 영리기업을 떠나 모든 조직에 절대적으로 필요합니다. 그 고객의 존재가 바로 해당 조직의 존립 근거가 되기 때문입니다.

실행중심 문화도 그 중요성이 점차 커지고 있습니다. 조금 부족한 전략이라도 제대로 실행만 하면 반드시 성공할 수 있습니다. 반대로 뛰어난 전략이라도 제대로 실행하지 못하면 반드시 실패합니다. 어떤 면에서는 실행이 전부라고 할 수도 있습니다. 아이디어는 과제 극복의 5퍼센트에 불과합니다. 아이디어의 좋고 나쁨은 어떻게 실행하느냐에 따라 결정된다고 해도 과언이 아니기 때문입니다. 그만큼 실행중심 문화는 중요합니다.

점점 더 불확실성이 가속화하는 지금의 세상에서 생존하기 위해서는 변화를 즐기는 기업 문화도 매우 중요합니다. 실패를 회피하기보다는 장려하는 문화가 필요합니다. 이미 언급했듯 실리콘밸리에서는 "빨리 작게 실패하라"가 하나의 모토가 되고 있기도 합니다. 사회적 책임을 다하는 윤리경영, 투명경영, 정도경영, 원칙을 중시하는 기업 문화도 미래의 조직에는 필수라 할 수 있습니다.

수평적 조직 문화, 다양성을 포용하고 열린 생태계를 지향하는 문화 역시 미래형 조직 문화라 할 수 있습니다. 유형 자산도 중요하지만 보이지 않는 무형 자산의 중요성을 알고 이를 축적해가는 경영도 중요합니다. 브랜드, 평판, 기술, 인적자원 등은 모두 눈에 보이지 않고 당장은 이익을 창출하지 못하며 비용투자를 많이 해야 하는 것들이지만 조직의 영속성에는 절대적으로 중요한 요소들입니다. 정보 공유, 팀워크를 중시하는 문화, 성과 지향형 문화, 속도를 중시하는 문화도 조직의 영속성에 영향을 미치는 문화적 요소라 할 수 있습니다.

　리더는 이런 문화를 배양하기 위해서 냉정하게 자사의 현재 문화를 객관적으로 평가해야 합니다. 자사의 현재 문화와 영속하는 기업에 유리한 문화 간의 갭을 정확하게 찾아내어 이를 개선해나가기 위한 장기 플랜을 수립해야 합니다. 통상 오래된 기업에서 조직의 문화를 바꾸는 데에는 평균 7년이라는 긴 세월이 필요하다고 합니다. 그러므로 오랫동안 인내하면서 전략적으로 조직 문화를 만들어가야 합니다. 이를 위해서는 리더의 언행일치와 솔선수범이 필요하며, 이것이 각종 제도와 시스템에 반영되어 준수되어야 합니다. 성과주의 문화를 만든다면서 리더가 성과를 내지 못하는데도 자신이 편애하는 사람에게 높은 고과를 매겨 승진시키거나 보상을 더 잘해준다면 성과주의 문화는 정착될 수 없겠지요. 오히려 조직에 냉소주의만 확산시킬 위험이 커질 것입니다.

채용 영역

사람을 키워주는 인재육성에 대한 투자도 중요합니다. 마쓰시타 고노스케는 그룹 연수원을 만든 직후에 연수원 과장에게 물었습니다. "사람들이 너희 회사는 무엇을 만드는 회사인가?라고 물으면 뭐라고 답할 것인가?" 연수원 과장은 "당연히 전자제품을 만드는 회사죠"라고 답했습니다. 그러자 마쓰시타 고노스케는 "최소한 연수원에 근무하는 사람만이라도 외부 사람이 마쓰시타는 뭐하는 회사냐고 물으면 '마쓰시타는 사람을 만드는 회사입니다. 사람을 만들고 나서 전자제품도 만듭니다'라고 대답해야 한다"라고 가르쳤습니다. 리더가 제품보다 사람을 먼저 만든다고 공개적으로 천명할 때 인재가 몰려들고, 또 그 사람들의 회사에 대한 충성도와 일의 몰입도가 높아져 오래도록 높은 성과를 올릴 수 있는 조직으로 변모해갑니다.

왼쪽 글의 주제와 의미가 상통하는 한자성어는?

① 등하불명燈下不明

② 천려일실千慮一失

③ 근자열 원자래近者悅 遠者來

④ 고진감래苦盡甘來

⑤ 감탄고토甘呑苦吐

문제 해설

답은 공자가 한 말인 ③ 근자열 원자래近者悅 遠者來이다. '가까이 있는 사람을 기쁘게 해줘야 멀리 있는 사람이 찾아온다'라는 뜻의 이 한자성어는 정치, 기업 경영, 가정사, 친구 관계를 망라하여 모든 분야에 적용되는 원칙이다.

인재를 모으고 키우기 위해서는 사람에 대한 존중과 투자가 꼭 필요하다.

CHAPTER 12

무엇이 리더를 성장시키는가

대부분의 리더는 호기심이 무척 강한 편이며
자기 성찰을 통해 능력을 개발한다.
그리고 독서를 즐기고, 광범위한 분야와 사람들로부터
정보를 습득하는 천부적 재질이 있는 반면,
다른 일부는 평생에 걸쳐
어린이와 같은 시각으로 세상을 바라본다.

| 하워드 가드너(하버드대학교 심리학 교수) |

어떤 사람이 위대한 사람들이 많이 탄생했다는 곳을 방문해 마을의 어른에게 물었습니다.

"이 마을에서 위대한 사람들이 많이 태어났다면서요?"

그러자 마을의 어른은 이렇게 대답했습니다.

"아니요. 위대한 사람이 태어난 적은 없습니다. 다만 갓난아이들이 태어났을 뿐입니다."

리더는 태어나는가 아니면 만들어지는가 하는 것은 오래된 논쟁입니다. 일반적으로 사람의 인생은 유전자의 영향이 1/3, 부모나 태어나 자란 곳 등 환경적 요인이 1/3, 그리고 본인의 노력과 자기계발이 1/3의 영향을 미친다고 합니다.

리더십도 마찬가지입니다. 어느 정도는 리더의 자질을 타고나는 사람이 있다는 것도 부정할 수 없을 것입니다. 그러나 최근에는 '리더의 모든 자질은 개발된다'는 학설이 힘을 얻고 있습니다.

연구 결과 일반적으로 리더십의 중요한 요소라고 여겨졌던 교육(학력), 부, 실무 경력, 심지어 조직 내 지위까지도 훌륭한 리더가 되는 데 거의 관계가 없거나 별로 중요하지 않았습니다. 아이젠하워 대통령은 자기 아들에게 "사나이들을 통솔하는 리더십은 끊임없는 자기 성찰과 연습을 통해 발전시킬 수 있는 자질이다"라고 말했습니다. 리더십에 관해 끊임없이 성찰하고 연습한다면 누구나 리더가 될 수 있습니다.

남북전쟁에서 그랜트 장군과 함께 협력하여 남군의 리 장군을 항복시킨 셔먼 장군은 리더십을 이렇게 표현했습니다. "날 때부터 딱 장군감의 재목으로 태어나는 사람들이 있다는 얘기를 읽은 적이 있다. 하지만 나는 한 명도 보지 못했다. 학습을 통해 리더십 자질을 기를 수 있다는 것은 의심의 여지가 없다."

타고난 자질도 중요하지만 리더십의 중요성을 깨닫고 리더십의 핵심 요소를 이해한 다음 평생 조금씩 조금씩 리더십을 배우고 실천하는 것이 훨씬 더 중요합니다. 그렇게 하다 보면 누구나 훌륭한 리더가 될 수 있습니다.

리더는 태어나는가,
만들어지는가

어려운 여건에 굴복하지 않고 오히려 이를 발전의 토대로 삼아 위대한 리더의 반열에 올라선 사람들이 많습니다. 천재 물리학자 아인슈타인과 최고의 발명왕 토머스 에디슨 등도 어려서는 학교 수업을 따라가지 못해 학습 부진으로 여겨졌다는 것을 우리는 익히 잘 알고 있습니다. 마틴 루터 킹 목사는 학교에 다녔지만 15세 때까지도 글을 제대로 쓰지 못했습니다. 그는 20대 후반에 대학 예비과정을 마치고 대학에 등록했습니다. 입학시험을 통과할 수 없어서 두 번이나 낙제했지만, 부단한 노력을 통해 결국 보스턴대학에서 박사학위를 받을 수 있었습니다.

"나는 어릴 때 가난 속에서 자랐기 때문에 온갖 고생을 참으며 살았다. 겨울이 되어도 팔이 노출되는 헌 옷을 입었고, 발가락이 나오는 헌 구두를 신었다. 그러나 소년 시절의 고생은 용기와 희망과 근면을 배우는 하늘의 은총이라 생각하지 않으면 안 된다. 영웅과 위인은 모두 가난 속에 태어났다. 성실 근면하며, 자신의 일에 최선을 다한다는 정신만 있으면, 가난한 집 아이들도 반드시 큰 꿈을 이룰 수 있다. 헛되이 빈고貧苦를 슬퍼하고 역경을 맞아 울기만 하지 말고, 미래의 밝은 빛을 향해 분투하고 노력하며 성공을 쟁취하지 않으면 안 된다."

모두에게 큰 용기를 불어넣는 링컨 대통령의 말입니다. 노력하면 누구나 리더로 성장할 수 있다는 그의 이야기는 우리에게 큰 희망을 줍니다. 자신의 현재 지위나 자질이 리더와는 다소 거리가 있더라도 지금부터 리더십이 뭔지 깨우치고, 조금씩 배우고 실천해가면 누구나 리더가 될 수 있습니다. 의식이 결과를 결정합니다. 노력하면 할 수 있다는 생각과, 노력해도 안 된다고 체념하는 것 사이에는 커다란 차이가 있습니다.

전 세계에서 가장 큰 기업인 월마트의 창업자 샘 월튼은 다음과 같이 말했습니다.

"사람들은 중년의 내가 어느 날 갑자기 멋있는 구상이 떠올라 월마트를 세웠으며, 이 기발한 아이디어로 하룻밤 사이에 커다란 성공을 거두었다고 생각하는 것 같다. 그러나 월마트 1호점은 1945년부터 우리가 해오던 일의 자연스러운 산물이었고, 또 다른 하나의 실험이었을 뿐이다. 하룻밤 사이에 이루어진 성공으로 생각되는 대개의 경우가 그렇듯, 월마트도 20여 년에 걸쳐 이루어진 것이다."

리더십도 마찬가지입니다. 태어날 때부터 위대한 리더로 태어나거나, 하루아침에 위대한 리더의 반열에 오르는 것은 불가능합니다. 리더십의 핵심을 깨닫고 끊임없이 학습하고, 그 원리를 현장에서 실천하고, 지속적인 시도와 실수를 통해 배우고, 또 수정해가는 과정을 통해서 점차 위대한 리더로 조금씩 성장해가는 것입니다. 그러므로 리더들은 배움에 늘 마음이 열려 있어야 합니다. 배우기를 멈추면 리더로서의 생명도 끝납니다. 지금의 능력이나 지식수준에 만족하기보다 늘 업무로부터, 동료로부터, 구성원으로부터 배우고 또 배워야 합니다.

나만의 리더십 매뉴얼을 만들라

제가 한창 리더십 공부를 열심히 하던 시절,《워렌 베니스의 리더On Becoming a Leader》라는 책을 만나게 되었습니다. '리더는 태어나는 것이 아니라 만들어지는 것이다. 단, 리더가 되고자 하는 뜨거운 열망과 탄탄한 기본이 준비된 사람만이 리더로 성장할 수 있다'는 메시지가 좋았습니다. 저는 출판사의 요청으로 이 책의 한국어 번역판에 감수자로 이름을 올리기도 했습니다.

리더십의 대가가 리더 되는 법을 가르쳐준다고 하니 기대가 무척이나 컸습니다. 이 책을 읽으면 마치 '리더십의 묘약'을 마시는 것처럼, 즉각적으로 리더로 거듭 태어나는 방법을 알게 될 것만 같은 기대가 있었습니다. 그러나 결과적으로 책을 읽고 나서는 당황스러웠고 실망이 컸습니다. '위대한 리더로 성장하기 위해서는 학습과 경험을 꾸준히 쌓아야 한다.' 그중에서도 '독서와 역경이 사람을 키운다'라는, 어찌 보면 누구나 말할 수 있는 도덕 교과서와 같은 내용이 주를 이루었기 때문입니다. 그러나 시간이 흐르면서 점차 책에서 말한 것들이 이해되기 시작했습니다. 하루아침에 리더로 태어나는 비법은 없습니다. 오랜 시간에 걸쳐 리더십의 중요성을 깨닫고 책과 경험을 통해서 학습하며, 이를 현장에서 실천하고 시행착오를 통해 배우면서 점차 위대한 리더로 성장하는 길밖에 다른 길은 없습니다.

리더로 성장하려면 우선 리더가 되겠다고 결심해야 합니다. 단순히 리더가 되는 것이 아니라 리더가 되려는 목적을 명확히 하는 것이 중요합니다. 자신을 위해서라기보다 조직을 위해, 사회를 위해, 그리고 함께 일하는 구성원을 위해 내가 어떻게 돕고, 봉사하고 기여해야겠다는 다짐이 우선입니다. 그리고 그런 다짐을 토대로 먼저 리더십이 무엇인지 종합적이고 체계적으로 학습해서 자신이 생각하는 리더십의 모습을 명확하게 그려야 합니다.

그렇게 리더십의 기본 개념을 정리한 다음에는 학습과 경험을 통해 자기만의 리더십 방법론을 정립해야 합니다. 자신의 리더십 매뉴얼을 만들어 항상 이를 참고하고, 지속해서 매뉴얼을 업그레이드해야 합니다.

저는 학력고사 세대입니다. 예전에는 신문에 늘 학력고사에서 전국 수석을 한 학생들의 인터뷰가 실리곤 했습니다. 다소 차이는 있지만 전국 수석을 한 학생들의 공통적인 이야기는 대체로 다음과 같았습니다.

'과외는 하지 않았고 학교 공부에 충실했다. 교과서 위주로 공부했다. 예습 복습을 철저히 했다. 잠은 하루 일곱 시간씩 충분히 잤다.'

처음에는 그냥 겸손하게 하는 말이라고 생각했습니다. 그러나 나중에 우연치 않은 기회에 공부법을 연구하면서 비로소 알게 되었습니다. 전국 수석을 하는 친구들은 올바른 공부법을 미리 알고 공부했던 것입니다. 공부법을 제대로 알고 공부하면 적은 시간을 투입해도 높은 효과를 얻을 수 있습니다. 회사에서도 마찬가지입니다. 일을 잘하는 사람들은 야근을 많이 하지 않고도 일을 더 잘하는 경향이 있습니다. 나름대로 일 잘하는 방법을 마스터한 것입니다.

리더십도 마찬가지입니다. 훌륭한 리더로 성장하기 위해서는 나만의 리더십 매뉴얼, 나만의 리더십 바이블을 반드시 먼저 만들어놓고 시작해야 합니다. 물론 그것은 학습과 경험, 시행착오를 겪으면서 수시로 업그레이드되어야 합니다.

가슴에 손을 얹고 훌륭한 리더로 살아가겠다는 다짐을 해봅시다. 나 혼자만의 이익이 아닌, 다른 사람들을 돕고 더 나은 세상을 위해 헌신하겠다고 다짐해봅시다. 그것이 바로 리더십의 출발점입니다. 나만을 위한 리더십, 이기적인 리더는 존재할 수 없기 때문입니다.

그다음에는 리더의 자질을 갖추고 역량을 배양하기 위한 전략적 접근이 필요합니다. 학습을 통해 미래형 리더가 갖춰야 할 다양한 자질과 역할을 정리한 후 내가 가진 자질과 비교해보고, 강점은 강화하고 약점은 조기에 보완하는 노력이 필요합니다.

리더십은 평생학습과 늘 함께해야 합니다. 성장 마인드셋 없는 리더는 존재할 수 없습니다. 리더가 공부하지 않는다면 마치 음주운전을 하는 것과 같습니다. 학습하지 않는 리더가 이끄는 조직은 곧 위험에 처하게 됩니다. 《사피엔스》로 유명한 유발 하라리 교수는 이제는 모든 인간이 90세까지 평생학습을 해야만 하는 시대라고 강조합니다. 지식은 급변하는데 수명은 연장되니, 살아가기 위해서는 당연히 그렇게 해야 합니다. 아니, 90세가 아니라 100세, 수명을 다하는 순간까지 평생학습을 해야 합니다.

리더로 성장하기 위한 평생학습은 어떻게 하면 좋을지 몇 가지 팁을 알아볼까요.

먼저, 어느 분야를 공부해야 할지 생각해봅시다. 리더는 조직의 미래를 책임지는 사람입니다. 조직이 나아가야 할 방향을 올바르게 설정하려면 미래에 대한 통찰력을 키우는 학습이 필요합니다. 또한 리더는 성과를 창출하는 사람이므로 조직이 직면할 크고 작은 문제를 해결할 줄 아는 문제해결력이 필요합니다. 따라서 문제해결 능력을 키우기 위한 학습도 꾸준히 해야 합니다. 한편 사람에 대한 깊은 이해 없이는 리더가 될 수 없습니다. 그러므로 사람을 이해하는 것은 물론 사람을 다룰 줄 아는 인간관계 스킬을 학습하면 좋습니다.

미래에 대한 통찰력을 얻기 위해서는 신문 읽기를 추천합니다. 요즘 사람들은 점점 더 신문을 읽지 않습니다. 그러나 매일 아침 받아보는 신문 하나에 실린 정보의 양은 웬만한 책 한 권의 분량에 해당합니다. 하루에 한 시간 정도를 투자해서 신문을 꼼꼼히 읽는 습관을 지닌다면 세상을 이해하고 미래를 읽는 능력이 확

달라질 수 있습니다. 주요 일간지 중 하나, 경제신문 중 하나, 기술 관련 신문 하나 정도를 꾸준히 읽는 것이 좋습니다. 국내 유력 일간지는 기자만 500명 정도 됩니다. 한 사람 한 사람이 엘리트입니다. 그 기자들이 1년 내내 하는 일이 하루에 신문 하나를 만드는 일입니다. 즉 1년 동안 꾸준하게 신문을 읽는다면 연봉 수백억에 해당하는 지식 비서를 두고 있는 것과 마찬가지입니다. 그들이 자신만의 지식이 아니라 각계각층의 최고 전문가들의 지식을 수집·가공해서 제공해준다고 할 수 있습니다. 어떤 이는 인터넷 기사로도 충분하다고 말합니다. 그러나 인터넷 기사는 흥미성 제목에 낚여서 시간을 허비하게 되고, 눈이 가는 분야만 읽게 되는 부작용이 큽니다.

저는 개인적으로 매일 아침에 신문 10종을 읽는 습관을 수십 년째 이어오고 있습니다. 단순 흥미성 기사나 이미 잘 알고 있는 내용은 제외하고, 동일하게 다루는 주제는 뛰어넘는다면 한 시간 내지 한 시간 30분이면 충분히 가능합니다. 신문 읽기를 통해 세상을 이해하고 미래에 대한 통찰을 얻고, 가끔은 경영에 필요한 정보도 얻으니 투자 대비 효과는 실로 막대합니다.

한편 신문 읽기와 더불어 분야별 전문가와의 네트워크를 구축하고, 그들의 강연을 통해 미래에 대한 통찰을 얻는 것도 중요합니다. 물론 독서도 빼놓을 수 없습니다.

문제해결력을 키우기 위해서는 경영학에 대한 종합적이고 체계적인 학습이 필요합니다. 의사가 되려면 의학 공부를 해야 하고 판사, 검사, 변호사가 되려고 하는 사람에게 법률 공부가 필수적이듯이, 조직을 이끄는 리더에겐 경영학 지식이 필수적입니다. 다행히 인터넷 기술의 발달로 시간과 돈이 많이 드는 경영대학원MBA을 다니지 않더라도 온라인으로 저렴하게 경영학을 학습할 기회가 많이 있습니다. 2003년에 출범한 휴넷 MBA는 학위를 수여하지 않음에도 지금까지 5만 명이 넘는 직장인이 수료할 정도로 인기가 좋습니다.

사람 공부를 위해서는 인문학을 권합니다. 인문학은 말 그대로 사람에 대한 학문인지라 리더가 되고자 하는 사람에게는 필수라 할 수 있습니다. 문학, 철학, 역사로 구성된 인문학을 통해 역사와 사람을 배우고, 미래를 예측하는 통찰력도 키울 수 있습니다. 문제해결력과 스토리텔링에도 큰 도움이 됩니다.

학습 방법으로 가장 중요한 것은 바로 독서입니다. 앞으로는 북디바이드book divide, 즉 책을 읽는 사람과 책을 읽지 않는 사람으로 나뉘게 될 것입니다. 책을 읽는 소수의 사람과 책을 읽지 않는 다수의 사람으로 구분되고, 책을 읽는 소수의 사람이 세상을 이끌고 많은 것을 독차지하는 세상이 됩니다. 독서는 지식을 전달해주는 데서 그치지 않고 책을 읽는 사람의 사고력을 증진시킵니다. 그러므로 독서는 누구에게나 필요하지만 특히 조직을 이끌어가는 리더라면 더욱 절대적으로 필요한 일입니다.

빌 게이츠는 오늘의 자신을 만든 것이 자기가 살던 마을의 작은 도서관이라고 했습니다. 빌 게이츠는 요즘도 아무리 바빠도 하루에 두 시간씩은 책을 읽는다고 합니다. 최소한 일주일에 한 권, 연간 50권씩 수십 년은 읽어야 합니다. 만약 현재 30세라면 100세까지 적어도 매년 50권씩, 총 3,500권은 읽겠다는 각오가 필요합니다.

독서 효과를 극대화하려면 우선 좋은 책을 선정해야 합니다. 다른 사람들의 추천도 중요하지만 직접 서점에 가서 목차와 프롤로그, 책의 일부를 먼저 읽어보고 신중하게 고르는 것이 중요합니다. 다독보다는 정독하고, 독서 후에는 반드시 독서 노트를 정리해두는 것이 좋습니다. 주변 사람과 함께 읽고 토론한다면 다양한 견해도 흡수하고, 이야기하면서 더 깊이 이해하게 되는 교학상장敎學相長의 기회도 가질 수 있어 금상첨화라 하겠습니다. 또 특정 분야에 국한하지 말고, 분야를 가리지 않고 다양하게 읽는 것도 중요합니다.

흔히 지식을 북 스마트^{book smart}와 스트리트 스마트^{street smart}로 나눕니다. 책과 학습을 통해 이론적으로 배우는 것을 북 스마트라 하고, 실제 경험을 통해 체득하는 것을 스트리트 스마트라고 합니다. 어느 쪽이 더 중요하다고 말할 수는 없습니다. 책과 공부를 통한 이론 학습과 실제 현장에서의 다양한 경험과 역경을 통한 학습이 어우러질 때 진정으로 강한 지식과 지혜가 체화된다고 할 수 있습니다.

경험은 인간과 세상에 대한 통찰을 가져다줍니다. 그러므로 다양한 실무 경험을 쌓게끔 적극적으로 나서야 하며, 그 과정에서 실패와 역경을 겪는다면 이 또한 리더십에 큰 도움이 됩니다. 리더십 배양을 위해 경험은 필수재라 할 수 있습니다.

우리는 여러 가지 경험과 역경, 좌절 등을 통해 학습하고 성장해나갑니다. 경험을 통한 학습은 우리가 책 등의 간접경험을 통해서 배우는 것과는 차별된 지식과 지혜를 제공해줍니다. 이를 통해 문제를 해결해내는 역량이 더욱 커지게 될 뿐 아니라, 그러한 경험을 통해서 두려움도 극복할 수 있게 됩니다.

이처럼 성공한 리더들에게 시련과 역경은 곧 성공의 디딤돌이었습니다. 충분한 적응력을 가진 사람들은 자신이 마주치는 혹독한 시련에 맞서 싸울 것입니다. 하지만 그들은 그런 시련에 매달

리거나 거기에 구속되지 않습니다. 그들은 시련에서 중요한 교훈을 배웁니다.

결국, 시련과 역경에서 의미와 강점을 발견하는 능력이 리더와 그렇지 못한 사람을 구분 짓게 됩니다. 재난이 발생했을 때 무능력한 사람들은 무력감에 빠져드는 반면, 리더는 목적과 결의를 찾아냅니다.

10년 전의 에피소드입니다. 새로운 대통령이 취임하자 KBS 라디오에서 리더십과 관련하여 인터뷰하고 싶다고 요청해와서 20분간 대통령 리더십에 대해 사회자와 1대 1 대담을 나눴습니다. 인터뷰 말미에 앵커가 "우리나라 어머니들은 자녀 교육에 관심이 많은데, 자녀를 리더로 키우고 싶은 어머니들께 한 말씀 해주시죠"라고 요청했습니다. 저는 아이를 리더로 키우기 위해서는 역경이 필요하다고 말했습니다. 마쓰시타 고노스케의 예를 들며 "리더로 키우고 싶은 자녀들을 온실 속의 화초처럼 키우는 것, 즉 아이들이 원하는 것이라면 다 들어주고 싶은 부모의 마음 그대로 부족한 것 하나 없이 키우려고 하는 것은 마치 애들에게 매일 독약을 조금씩 타서 먹이는 것과 같다. 리더의 자리는 반드시 어려움에 부닥칠 수밖에 없는 자리이고 조직원을 이끌어 그러한 어려움을 뚫고 탁월한 성과를 창출하기 위해서는 어려서부터 역경과 실패를 다양하게 겪게 해야 한다”라는 취지의 발언을 했습니다. 젊어서 고생은 사서 한다는 속담처럼, 리더로 성장하기 위해서는 반드시 역경이 필요합니다.

실제로 《포천》지 선정 500대 기업의 CEO 중 52퍼센트가 중하위층이나 빈곤층 출신이고, 미국 백만장자의 80퍼센트는 1세대 백만장자입니다. 최근 조사에 따르면 세계 일류 리더 300명 중 75퍼센트가 가난한 가정에서 자랐고, 어린 시절 학대를 당했으며, 일부는 심각한 신체장애를 안고 있었다고 합니다. 물론 어려서 역경을 겪었다고 해서 모두 리더로 성장하는 것은 아닙니다. 역경 없이도 리더의 역할을 훌륭하게 수행해내는 경우도 없지 않습니다. 그러나 최소한 리더를 꿈꾸는 사람이라면 역경은 피해야 할 대상이 아니라, 환영해야 할 선물입니다.

맹자는 2,200년 전에 이미 이렇게 말했습니다. “하늘이 장차 그 사람에게 큰 사명을 주려 할 때는 반드시 먼저 그의 마음과 뜻을 흔들어 고통스럽게 하고, 그 힘줄과 뼈를 굶주리게 하여 궁핍하게 만들어 그가 하고자 하는 일을 흔들고 어지럽게 하나니, 그것은 타고난 작고 못난 성품을 인내로써 담금질하여 하늘의 사명을 능히 감당하게끔 그 기국과 역량을 키워주기 위함이다天將降大任於斯人也,其心志 苦其筋骨 餓其體膚 窮乏其身行 拂亂其所爲,動心忍性 增益其所不能.”

리더십
트리

어릴 적 어린 삼나무에 눈이 쌓이면 나뭇가지가 딱 소리를 내며 쪼개지는 게 안쓰러워 그 나무의 눈을 털어주곤 했습니다. 그런데 대나무는 다르더군요. 일정 간격으로 마디가 있어 어지간히 눈이 쌓여도 휘어질지언정 부러지진 않습니다. 사람도 마찬가지입니다. 급격한 성장보다는 천천히, 그러나 꾸준하게 성장의 마디를 만들어야 위기를 거뜬히 견뎌냅니다. 리더십을 공부하다 보니 위대한 리더로 성장해 나가는 것이 마치 나무가 자라는 것과 유사하다는 데 생각이 미치게 되었습니다. 그래서 리더십을 종합적으로 설명하기 위한 모델로 리더십 트리leadership tree를 만들어보았습니다.

나무와 리더십의 유사점을 정리해보면 다음과 같습니다.

첫째, 리더십은 하루아침에 개발되는 것이 아니라, 시간에 따라 천천히 자랍니다. 모죽은 씨앗을 심은 후 처음 4년 동안은 하나의 죽순 말고는 아무것도 보이지 않습니다. 그 4년 동안 모든 성장은 땅속에서 이루어지며, 그동안 섬유질의 뿌리 구조가 형성되어 땅속으로 깊고 넓게 퍼져나갑니다. 그러고 나서 5년째 되는 해에야 대나무는 25미터 높이로 자랍니다. 큰 목표를 가지고 장기적 관점에서 일희일비하지 않고 끈기 있게 노력한다면, 결국 원하는 결과를 얻게 될 것이라는 교훈을 주는 유익한 이야기입니다.

성철 스님은 "대나무가 가늘고 길면서도 모진 바람에 꺾이지 않는 것은 속이 비었고 마디가 있기 때문이다. 대나무의 마디는 사람이 겪는 좌절과 갈등, 실수, 절망, 병고, 이별 등과 같다. 대나무처럼 살라"고 가르칩니다. 사람도 좌절, 갈등, 실수, 실패, 절망, 아픔, 병고, 이별 같은 마디가 없으면 대나무처럼 우뚝 설 수 없습니다.

둘째, 나무는 어렵게 자랄수록 튼튼해집니다. 온실 속의 화초는 매우 빠르게 자랍니다. 그러나 버티는 힘은 매우 약합니다. 빨리 자라는 나무는 예외 없이 약한 줄기를 갖게 되고 그만큼 외풍에 쉽게 쓰러집니다. 많은 사람이 이른 출세를 희망하지만 선인들은 소년 급제만큼 불행한 것은 없다고 가르칩니다. 온실 속에서 빨리 성장하기보다는 광야에서 찬바람을 맞으면서 천천히 자라나는 나무, 그런 리더가 되는 것이 바람직합니다.

또한 나무는 뿌리가 튼튼해야 오랜 시간 야무지게 버틸 수 있습니다. 뿌리가 약하면 쉽게 뽑힙니다. 사람도 마찬가지입니다. 나무의 뿌리는 사람의 됨됨이, 인격, 성품에 해당합니다. 나무처럼 기초가 튼튼한 사람이 오래갑니다. 훌륭한 리더로 성장하기 위해서는 시간이 오래 걸리고 티가 나지 않더라도 기초를 탄탄하게 가꿔가게끔 인내하고, 오랫동안 지속해서 투자해야 합니다. 나무가 평생 자라면서 깊이 뿌리를 박듯이 인격수양에도 끝이 없습니다. 사는 동안 끊임없이 계속되어야 하는 것이 바로 인격수양입니다.

또 나무는 영양분 공급이 체계적으로 이뤄져야 꽃과 열매를 제대로 얻을 수 있습니다. 아무리 뿌리가 튼튼하더라도 줄기가 부실하면 제대로 꽃을 피울 수 없습니다. 나무의 줄기에 해당하는 것이 각종 리더십 스킬이라 할 수 있습니다. 특히 커뮤니케이션과 칭찬, 존중, 경청과 같은 인간관계 스킬을 제대로 갖추고 활용할 수 있어야 제대로 된 리더십을 발휘할 수 있습니다. 기본 소양을 잘 갖추는 것도 필요하지만 갖추고 있는 것들이 제대로 전달되게 하는 것에도 투자를 해야만 합니다.

또한 나무는 꽃을 피우고 열매를 맺어야 좋은 나무입니다. 아무리 크고 튼튼하게 자라도 잎과 꽃을 피우고 열매를 맺어야 그 모습을 완성할 수 있습니다. 리더십도 마찬가지입니다. 리더십은 성과로 귀결됩니다. 과정도 중요하지만 성과를 제대로 창출해야 비로소 리더십이 제대로 발휘되었다고 할 수 있습니다.

나무는 작아도 나무이지요. 아무리 작은 나무도 나무의 속성을 가지고 있습니다. 리더도 마찬가지입니다. 꼭 리더의 자리에 오르지 않더라도 주변 사람들에게 바람직한 영향력을 행사하면서 성과를 창출한다면 리더십을 갖춘 것이며, 리더십을 갖추었다면 자리에 관계없이 리더라고 할 수 있습니다. 나무가 조금씩 자라 어느새 큰 나무가 되듯이 리더도 학습과 경험을 통해 조금씩 큰 리더로 성장하는 것입니다. 여러분은 아직 거목이 아니지만, 이미 리더인 것입니다.

마지막으로, 숲을 이뤄야 진정 나무로서의 가치가 빛을 발한다고 할 수 있습니다. 나무가 곧고 튼실해도, 혼자서 제아무리 아름답다 하더라도 울창한 숲에 비할 수는 없습니다. 홀로 우뚝 선 나무가 씨앗을 뿌려 숲을 이뤄가는 과정은 코칭과 육성을 통해 후배 리더들을 양성하는 것과 같습니다. 리더는 혼자만의 리더십에 머물러서는 안 됩니다. 다양한 후배 리더들을 양성하고, 행여 자신이 없더라도 계속해서 숲이 번성하게 하는 역할, 즉 '시계를 만드는' 리더의 역할이 필요합니다.

나무 한 그루가 튼튼하게 자리 잡는 데에도 오랜 시간이 걸립니다. 하물며 울창한 숲이 만들어지기까지는 수백 년이 걸리기도 하지요. 또 나무가 튼튼하게 자라려면 때론 거친 비바람과 풍파가 필요합니다. 리더로 성장하기 위해서는 역경도 즐겨 맞이해야 할 선물입니다.

리더십을 이해하고 작은 리더십을 실천하는 것은 생각보다 쉬운 일입니다. 그러나 오랜 시간 동안 꾸준하게 한길을 걸으면서 지속해서 성장하기는 결코 쉽지 않습니다. 그래도 그만한 가치가 있기에 도전해볼 만한 일입니다.

성장 영역

아래 글귀는 영국에서 두 번이나 수상을 지냈고, 노벨문학상을 수상했으며, 왕족 이외의 사람으로는 최초로 '영국 왕실 국장'으로 장례를 치렀고, 지금까지도 '가장 위대한 영국인'으로 불리는 사람, 윈스턴 처칠에 관한 설명이다.

재무장관 및 하원의 보수당 당수를 역임한 아버지와《뉴욕 타임스》의 최대 주주이자 미국의 부호로 꼽혔던 제롬 가의 딸인 어머니 사이에서 태어난 윈스턴 처칠은 언뜻 보기에는 부유한 가정에서 탄탄대로의 인생을 걸었을 것 같이 보인다.

그러나 실제로는 그렇지 않았다. 그의 아버지는 항상 처칠을 가문의 수치로 여겼고 이는 어린 처칠에게 많은 상처를 주었다. 정신착란이 시작된 이후로 그의 아버지는 처칠에게 더욱더 심한 폭언을 서슴지 않았고, 결국 최악의 관계로 치달았을 때 그의 아버지는 숨을 거둔다. 부유한 미국인이었던 그의 어머니 또한 어린 처칠을 돌보기보다는 자신만의 쾌락을 추구하여 좋지 못한 소문을 몰고 다녔다. 처칠이 유명해지고 나서야 아들에게 관심을 갖기 시작한 그녀는 생모라고는 믿기지 않을 정도로 처칠에게 애정을 주는 데 인색했다.

게다가 팔삭둥이로 태어난 처칠은 태어날 때부터 몹시 병약했다. 어린 시절에는 수많은 병을 달고 다녔으며 열한 살 때는 죽음의 문턱까지 넘나들었다. 그는 숨을 거두는 순간까지 여러 가지 병마의 그림자에서 한순간도 벗어나지 못했다. 체격 역시 왜소하기 그지없었는데, 성장해서도 키가 167센티미터에 불과했으며, 가슴둘레도 겨우 79센티미터였다. 많은 사람이 그의 떡 벌어진 어깨로 인해 그의 체격이 실제보다 크다고 오인했는데, 왜소한 체격은 그에게 크나큰 콤플렉스였다.

무엇보다 놀라운 것은 이 시대 가장 위대한 연설가로 인정받는 그가 평생을 언어장애에 시달렸다는 사실이다. 그는 혀가 짧았으며, 몇몇 발음들을 발음하지 못했고 말더듬증도 갖고 있었다. 또한 그는 학창 시절에 성적이 거의 꼴찌였다. 사람들은 그를 열등아, 저능아로 불렀고 이는 그의 아버지가 그를 더욱 수치스러워한 이유이기도 했다.

많은 사람이 그를 '영원한 수상의 상징'으로 간주하지만 실제로 그는 선거전에서 가장 많은 패배를 경험한 정치인으로 기록되어 있기도 하다. 이러한 불운은 그에게 심각한 우울증을 가져다주었고, 자살을 심각하게 고려하게 했다. 그는 부인과 비교적 단란한 가정을 이루었지만, 자녀들 대부분은 그를 더욱 우울하게 만들었다. 셋째 딸이 두 살이 된 해에 패혈증으로 죽었고, 아들 랜돌프와 둘째 딸 사라는 알코올 중독자로 인생을 마감했다. 첫째 딸 다이애나는 아버지처럼 심한 우울증에 평생을 시달리다 자살을 선택했다. 이렇게 그의 인생은 편안하거나 매력적인 인생은 아니었다. 그러나 그는 인생을 쉽사리 포기하지 않았다.

문제

다음 중 윈스턴 처칠에 관한 설명으로 올바르지 않은 것은?

① 우람한 체격 때문에 늘 콤플렉스에 시달렸다.

② 어린 시절에는 거의 모든 병을 달고 다녔으며 열한 살 때는 죽음의 문턱까지 다녀왔다.

③ 평생 언어장애에 시달렸다.

④ 학창 시절에 학업 성적이 거의 꼴찌였다.

⑤ 편안한 인생을 살아오지는 않았다.

답은 ①번이다.

> "절대로 굴복하지 말라. 절대로 굴복하지 말라. 절대로, 절대로, 절대로, 절대로 (중요한 것이든 사소한 것이든, 큰 것이든 작은 것이든) 명예로운 신념과 양식만 제외하고 절대로 굴복하지 말라."

윈스턴 처칠은 이런 생활철학을 가지고 갖가지 시련들을 하나씩 극복해나갔다. 그는 군에 입대하면서 체력 훈련에 몰두하여 신체적인 허약함을 이겨내려 했으며, 하루 다섯 시간이 넘는 독서와 연구를 통해 자신만의 지식 체계를 쌓아갔고 학문에 대한 열등감을 극복했다. 혀가 짧아 안 되는 발음들은 길을 걸을 때마다 항상 연습했으며, 무대공포증을 없애기 위해 웅변 기술을 끊임없이 익혔다. 전쟁에 참가해서는 소심한 성격을 이기기 위해서 가장 치열한 전투에 자진해서 몸을 던졌다. 많은 사람이 (심지어 그의 아버지조차도) 그가 평범한 사람만 되면 다행이라고 여길 정도로 그는 열등한 면을 많이 가지고 있었다. 그러나 그는 포기하지 않고 불굴의 의지로 가장 치열한 전투인 자신과의 싸움에서 승리를 거두었고, 결국 나치의 위협 아래서도 전 영국인들의 역량을 결집하여 영국을 지켜낼 수 있었다. 그리하여 끝내 '가장 위대한 영국인이자 이 시대의 리더'로 기록되었다.

당신의 팀은 괜찮습니까

초판 1쇄 발행 2019년 6월 20일
초판 8쇄 발행 2023년 7월 20일

지은이 조영탁

책임편집 경정은
편집 최일규 임주하
마케팅 김정원

펴낸곳 행복한북클럽
펴낸이 조영탁
주소 서울특별시 구로구 디지털로26길, 5 에이스하이엔드타워 1차 818호
전화 02-6220-3962
팩스 02-6442-3962
이메일 book@hunet.co.kr

ISBN 979-11-89969-14-1 03320

• 행복한북클럽은 독자 여러분의 원고와 기획을 기다립니다.
  새로운 아이디어가 있으신 분은 언제든 book@hunet.co.kr로 간략한 내용을 보내주세요.
• 잘못된 책은 구입하신 곳에서 교환해 드립니다.
• 책값은 뒤표지에 있습니다.

이 도서의 국립중앙도서관 출판예정도서목록(CIP)은 서지정보유통지원시스템 홈페이지(http://seoji.nl.go.kr)와
국가자료공동목록시스템(http://www.nl.go.kr/kolisnet)에서 이용하실 수 있습니다. (CIP제어번호 : CIP2019020001)

행복한북클럽은 ㈜휴넷의 출판 브랜드입니다.